Anja Stiller

Kleine Germanenkunde

Anja Stiller
Kleine Germanenkunde
Copyright © 2015 by Regionalia Verlag GmbH, Rheinbach
Alle Rechte vorbehalten.

Layout und Satz: Manuela Wirtz, www.manuwirtz.de
Einbandgestaltung: Derek Gotzen für agilmedien, Niederkassel

Covermotive:
Unten: Schweden, Steinkreis „Ales stenar" (fotolia, 25514181)
Mitte, Hintergrund: Germanische Krieger (Stock, Dover Bildarchiv)
Obere Bildreihe (von links nach rechts):
1. Südjütland: Nydam-Schiff aus ca. 320 v. Chr. (wikimedia commons, Casiopeia)
2. Silberkreuze, gefunden in Frauengräbern in Birka (wc, Viking Age)
3. Mittelalterdorf Fritzlar Geismar (Axel Hindemith)
4. Germanische Ratsversammlung, Relief an der Marc-Aurel-Säule in Rom (Archiv Regionalia Verlag)

Printed in Hungary
ISBN 978-3-95540-188-7

www.regionalia-verlag.de

Anja Stiller

Kleine Germanenkunde

REGIONALIA
VERLAG

Inhalt

Vorwort

Alte Kulturen haben Hochkonjunktur. Besonders die Kelten sind schon seit Langem bei uns in Mode. Man widmet ihnen Festivals, man versucht, ihren Alltag nachzugestalten, trägt ihren Schmuck, näht ihre Kleidung und fertigt mehr oder weniger authentisch das an, was man für ihre Heilsalben und –tinkturen hält.

Bei den Germanen ist das dagegen etwas anders. Denn man weiß von ihnen zwar so einiges, aber das, was man weiß, ist nicht unbedingt festivaltauglich und eignet sich dementsprechend wenig für Großveranstaltungen: Die Germanen, das waren die „Wilden", die „Barbaren", die „Unzivilisierten". Es gibt so gut wie keine „germanische Medizin", die Kleidung der Germanen ist nicht unbedingt dekorativ, und für die New-Age-Bewegung gaben und geben sie auch nicht besonders viel her.

Und doch ... Wer sich mit den Germanen eingehender beschäftigt, der begibt sich auf eine spannende Reise in eine Zeit, die unserer tatsächlich sehr fremd war. Und die genau deshalb umso interessanter ist. Zugleich ist es eine Zeit des politischen Umbruchs, eine Zeit der Flüchtlingswellen, aber auch des Neuanfangs.

Außerdem stößt man bei der Beschäftigung mit den Germanen auf ein Problem, das ihrer Popularität nach wie vor sehr abträglich ist: Ihre Kultur wiederzubeleben, könnte nämlich diejenigen, die es versuchen, schnell in ein falsches Licht rücken. Die kruden Ideen von Übermenschentum und Herrenrassendenken eines „tausendjährigen Reichs" haben den Germanen einen Ruf eingetragen, der ihnen nicht entspricht, nie entsprochen hat: Die Germanen, das waren in der Ideologie der Nationalsozialisten große, blonde Helden und artige, brave Frauen, edel und dazu ausersehen, über den Rest der Menschheit zu herrschen und ihnen als Vorbild zu gelten. Der „germanischen Rasse" gehörten Menschen an, die viel auf „Ehre" hielten, was auch immer ein Regime, das Millionen Menschen in den Tod schickte, unter „Ehre" verstanden haben mag – sicher nicht das, was mit dem Begriff für die germanischen Stämme tatsächlich verbunden war. Die „Herrenmenschen" waren stolz, stark

5

Hermann befreit Germania, glorifizierende Radierung von Karl Russ, 1813, typisch für das 19. Jhd. Die Nationalsozialisten trieben schließlich die Mythen, die mit der geschichtlichen Realität nichts mehr zu tun hatten, auf die Spitze.

musste gegen das unangenehme Gefühl ankämpfen, sein Interesse gelte der „falschen" Seite der Menschheit, schlimmer noch: er stünde in enger Verbindung zum Gedankengut der NS-Zeit. Aber zum Glück ist dem nicht so, tut heute kaum jemand, der sich mit wissenschaftlichem Anspruch der Kultur der Germanen widmet, dies vor dem Hintergrund fehlgeleiteter Ideologien.

und schön. Die Hauptstadt des zukünftigen germanischen Großreichs, Berlin, sollte „Germania" werden, Adolf Hitler trug den „Ehrentitel" des „Führers aller Germanen". Selbstredend konnte die Kultur eines solchen Volkes nur eine Hochkultur sein, gegen die sich Städte wie Athen, Rom oder Konstantinopel wie die reinsten Armutsviertel ohne geistigen Hintergrund ausnahmen.

Wer sich nach dem zweiten Weltkrieg mit den Germanen beschäftigte,

Stattdessen erforschen seit Jahrzehnten Historiker, Germanisten, Archäologen und viele andere wieder auf rein sachlicher Ebene die Geschichte der germanischen Stämme, ihre Lebensweise, ihren Alltag, ihre Religion, ihre Sprache, ihre Bräuche. Und ihre Kriege. Und so hat man ein Bild zutage befördern können, das sich weit von jeder Blut-und-Boden-Ideologie entfernt, das eine ganz andere, realistische Sicht auf diese Vielzahl von Volksstämmen zeigt.

Da ist dann nicht mehr von einer besonders hochentwickelten Gesellschaft die Rede. Ganz im Gegenteil: Der Historiker Arnulf Krause schreibt von „verhältnismäßig unterentwickelten und wanderfreudigen Männern und Frauen einer antiken Randkultur" [1].

Wie das Leben der Menschen in dieser „Randkultur" wirklich aussah, davon soll dieses Buch einen kleinen, ersten Eindruck vermitteln. Da über die Kriegszüge der Germanen schon viel geschrieben ist, habe ich den Schwerpunkt auf ihre Alltagskultur gelegt: Wie lebten die germanischen Stämme, was für Kleidung trugen sie, woran glaubten sie? Natürlich gibt auch dieses Buch einen kleinen Überblick über die Flucht- und Expansionsbewegungen, über Verfolgung, Völkerwanderung und Schlachten, das Hauptaugenmerk habe ich aber, soweit er sich überhaupt rekonstruieren lässt, auf den Alltag gelegt.

Es ist eine faszinierende, fremde Kultur, die uns da begegnet, in weiten Teilen eine sehr einfache, um nicht zu sagen primitive Kultur. Die Geschichte der germanischen Stämme ist zu großen Teilen eine Geschichte der Migrationsbewegun-

gen und Flüchtlingsströme. Verbunden mit Angriffskriegen, auch das.

Und um noch einmal auf die Kelten zurückzukommen: Es scheint mir fraglich, ob es sich lohnt, in ähnlicher Weise den Germanen Festivals zu widmen. Eine Ausnahme bilden hier sicher die Wikinger, aber gerade sie werden in diesem Buch nur am Rand behandelt. Sich mit den germanischen Stämmen zu beschäftigen, Einblicke in ihre Lebensweise zu gewinnen, ist hochinteressant. Um ihre Lebensformen beneidet sie aber vermutlich spätestens nach Lektüre dieses Buches niemand mehr. Im Gegenteil: Man hat ein bisschen Teil genommen an ihrer Welt, sie sich aus dem sicheren Abstand unserer Gegenwart heraus betrachtet, sich vom Fremden dieser Welt fesseln lassen – und geht dann zurück in die eigene Zeit, die verglichen mit derjenigen der Germanen doch sehr viele Annehmlichkeiten bietet.

In diesem Sinne wünsche ich eine interessante Reise in die Vergangenheit!

Anja Stiller
Salzburg, im Sommer 2015

---

1 ARNULF KRAUSE: DIE GESCHICHTE DER GERMANEN. S. 265

Der Beginn

Am Anfang stehen zwei Römer. Sie führen den Germanenbegriff ein: Caesar und Tacitus. Allerdings waren diese Germanen zumindest für Gaius Julius Caesar (100–44 v. Chr.) keine besonders liebenswerten Menschen. Es waren „Barbaren", gefährliche Feinde der Römer. Er grenzte sie bei der Abfassung seines „Gallischen Kriegs" im Jahr 52 v. Chr. von den „Galliern" ab. Beide, Germanen und Gallier, bedrohten die Ordnung des römischen Imperiums. Wichtig an Caesars Germanenbild sind zwei Faktoren: Zum einen lenkt er den Blick auf einen völlig neuen Völkerverbund, der den Raum zwischen den Kelten im Westen und den Skythen im Osten einnimmt. Die Menschen, die dort zwischen Rhein und Weichsel sowie auf den Inseln des Nordens leben, sind „anders" als die bis dato bekannten Volksgruppen.

Und damit ist eigentlich auch schon alles gesagt, was wir vor der Zeitenwende, also vor Christi Geburt, über die Germanen erfahren: Sie sind die, die zwischen Kelten und Skythen leben.

Gaius Julius Caesar, Büste aus dem Kunsthistorischen Museum Wien

150 Jahre später, etwa im Jahr 98 n. Chr., beschreibt ein anderer Römer, Publius Cornelius Tacitus (58–120 n. Chr.), ein zweites Mal die Germanen. Sein eher dünnes Werk „Germania" dominiert bis

Publius Cornelius Tacitus

Die „Entstehung der Germanen", wenn man es so nennen möchte, lässt sich deshalb heute auf die zwei Jahrhunderte um Christi Geburt festlegen. Zwar tauchte der Begriff auch vorher schon auf, wurde aber zu undifferenziert gebraucht, um daraus wirklich auf eine bestimmte Gruppe schließen zu lassen.

Aber ein Volk „entsteht" nun einmal nicht von heute auf morgen, es gründet sich nicht, und schon gar nicht in einem so großen geographischen Raum. Klarer fasst das, was wir heute als „Entstehung" der Germanen bezeichnen, der Ansatz des Historikers Rudolf Simek: „Wenn (…) die Bezeichnung einen Sammelbegriff für eine Gruppe von Völkern darstellt, die ab einem gewissen Zeitpunkt geschichtlich greifbar werden (…), dann können wir von einer „Entstehung der Germanen" über Caesars Definition hinaus gar nicht sprechen. In diesem Fall sollten wir uns darauf beschränken, kulturgeschichtlich die betroffenen Völkerschaften ab dem Ende der nordischen Bronzezeit und dem Beginn der Eisenzeit in Südskandinavien sowie in der norddeutschen Tiefebene zu beschreiben, unabhängig davon, welcher ethnischen Herkunft einzelne dieser Völker denn gewesen sein mögen, bevor sie in diese Völkergemeinschaft eingetreten sind und damit den Charakter des „Ger-

heute alles, was wir über diese Volksstämme wissen. Nebenbei: Tacitus selber dürfte nie in den Siedlungsgebieten der Germanen gewesen sein, sondern sein Wissen aus anderen Quellen und aus mündlicher Überlieferung bezogen haben. Er nimmt gar nicht Stellung zu den Konflikten zwischen Römern und Germanen, er skizziert ganz einfach einen Stammesverband, und er nennt viele Völker, die wir heute gar nicht mehr identifizieren können. Alle Stämme, die zwischen Rhein und Oder sowie nördlich davon siedelten, können Tacitus zufolge als Germanen bezeichnet werden. Damit lässt sich Caesars Gruppe „zwischen Kelten und Skythen" weiter differenzieren.

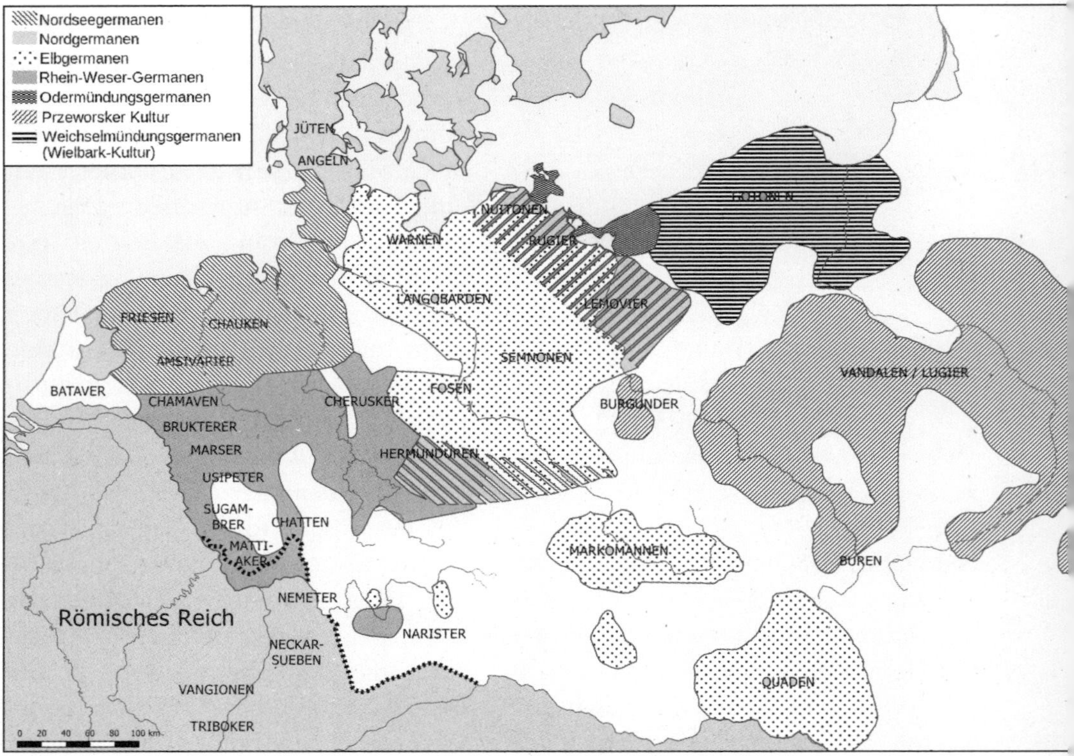

Legend:
- Nordseegermanen
- Nordgermanen
- Elbgermanen
- Rhein-Weser-Germanen
- Odermündungsgermanen
- Przeworsker Kultur
- Weichselmündungsgermanen (Wielbark-Kultur)

Map labels: JÜTEN, ANGELN, NUITONEN, WARNEN, RUGIER, GOTONEN, LANGOBARDEN, LEMOVIER, FRIESEN, CHAUKEN, AMSIVARIER, SEMNONEN, VANDALEN / LUGIER, BATAVER, CHAMAVEN, CHERUSKER, FOSEN, BURGUNDER, BRUKTERER, MARSER, HERMUNDUREN, USIPETER, SUGAMBRER, CHATTEN, MATTIAKER, MARKOMANNEN, BUREN, NEMETER, NARISTER, Römisches Reich, NECKAR-SUEBEN, VANGIONEN, QUADEN, TRIBOKER

0 20 40 60 80 100 km.

Die Stämme der Germanen um 50 n. Chr.

manischen" angenommen haben." [2] Weiter grenzt er die Frage nach dem „Ursprung" der Germanen folgendermaßen ein: „Wenn wir also die Herkunft der Germanen nur über ihre Definition durch römische Historiker festmachen können (…), dann ist damit das letzte Wort zur

sog. „Urheimat" der Germanen natürlich nicht gesprochen (…)." [3]

Aber greifen wir ruhig noch etwas weiter zurück in die Vergangenheit: Um das Jahr 1000 v. Chr. siedelten mehrere große Bevölkerungsgruppen im Raum zwischen Alpen und Ostsee. Man nennt sie ganz allgemein die „Streitaxtleute",

2 RUDOLF SIMEK: DIE GERMANEN, S. 14

3 EBD. S. 15

10

eventuell kamen einige von ihnen ursprünglich aus Südrussland oder Anatolien, aber das ist bis heute nicht erwiesen. Hier in Mitteleuropa treffen sie nun auf die Ureinwohner dieser Region, sie mischen sich, vielleicht friedlich, vielleicht erst nach Kämpfen mit ihnen. Später trennten sich diese Mischvölker in Kelten/Gallier, Germanen und Veneter. Ursprünglich aber unterschieden sie sich noch kaum voneinander. Eher gab es Gemeinsamkeiten: Die Streitaxtleute sprachen alle dieselbe Sprache, sie verwendeten alle Bronze zur Herstellung von Waffen, Schmuck und Gefäßen, und sie ließen ihre Wagen von Pferden ziehen.

Dann aber entwickelte sich der Süden materiell schneller. Vielleicht waren die Felder fruchtbarer als im Norden, aber auch darüber lässt sich nur spekulieren. Warum auch immer, in Zentralfrankreich, in Südwestdeutschland, der Alpenregion sowie im Donaugebiet bis nach Böhmen verfeinerte sich das Handwerk, änderten sich die verwendeten Materialien. Hier, in den „fortschrittlicheren" Regionen, begann die Eisenzeit bereits um 800 v. Chr. Und hier, im Süden, beschleunigte sich der technische Fortschritt. Befestigte Städte entstanden, Goldmünzen wurden geprägt, Schwerter aus Damaststahl gefertigt – die Kultur der Kelten oder,

wie ihr lateinischer Name lautet, der Gallier entstand.

In den Gegenden nördlich und östlich des heutigen Hannover begann die Eisenzeit erst 300 Jahre später. Und hier entwickelte sich aus denselben Ursprüngen auch nicht die Kultur der Kelten, sondern die „Jastorf"-Kultur, so benannt nach einer gleichnamigen Ausgrabungsstätte. Manche Wissenschaftler vermuten hier, im Norden, die Entstehung der germanischen Kultur, die sich allmählich bis an die Weichsel und nach Skandinavien ausweitete. Allerdings ging die Entwicklung deutlich langsamer voran als bei den Kelten, möglicherweise lag das an Stammesfehden, eventuell auch am kälter werdenden Klima. Die Bauern im Norden siedelten häufig um, die Böden laugten aus; wo ein Stamm eine Region verließ, entstanden neue Wälder.

Einfach ausgedrückt waren die Germanen rückständiger als die Kelten, vieles, vor allem Waffen aus Stahl, Glas und Goldschmiedearbeiten, mussten sie von ihren südlichen Nachbarn importieren. Auch die **Sprachen** von Germanen und Kelten entwickelten sich unterschiedlich. Und damit sind wir beim vermutlich wichtigsten Datierungsmerkmal zur Abgrenzung der germanischen von der Kultur anderer Völker: der „Lautverschiebung".

Sprache als Datierungsmerkmal

Die nach wie vor „brauchbarste" Abgrenzung bei der Suche nach dem Ursprung der Germanen sieht der Wissenschaftler Rudolf Simek im Bereich der Sprachwissenschaft. Sprache ist ja bekanntlich ein lebendes Gebilde, das einem Wandel unterliegt. Das geschah und geschieht ständig, man denke nur daran, wie SMS- und Chat-Deutsch unsere Sprache „verschandeln". Oder „verändern", je nach Blickwinkel des Betrachters.

Bei den sogenannten Lautverschiebungen, den beiden großen Sprachwandeln der vergangenen zweieinhalbtausend Jahre, geht es allerdings nicht um den Wandel einzelner Ausdrücke, sondern ganzer Konsonanten- und später auch Vokalsysteme. Wichtig bei der Suche nach den Ursprüngen der Germanen ist die 1. Lautverschiebung. Hier bildete sich aus dem Ur-Indogermanischen, wenn man so will einer „Ursprache", die sich heute allerdings nur noch als rein theoretisches Gebilde rekonstruieren lässt, eine Art „Prä-Germanisch" heraus, in Abgrenzung zu den anderen indogermanischen Sprachen, die diese Lautverschiebung nicht mitvollzogen haben. Der Zeitpunkt des Lautwandels lässt sich nicht genau datieren, die Verschiebung fand aber in der 2. Hälfte des ersten vorchristlichen Jahrtausends, also nach 500 v. Chr. statt. Die 2. Lautverschiebung führte Jahrhunderte später übrigens zur Ausbildung des heutigen Hochdeutschen, aber das hat mit den Germanen nichts mehr zu tun.

Was bei der 1. Lautverschiebung im Detail geschah, das wissen in erster Linie Sprachhistoriker. Nur so viel: Es geht um die Änderung der sogenannten Verschlusslaute. Genauer darum, dass aus ur-indogermanischen stimmlosen Verschlusslauten stimmlose Frikative, also Reibelaute, werden, man spricht hier vom „Tenuis-Spirans-Wandel". Aus p wird f, um nur ein Beispiel zu nennen. Es werden aber auch aus ur-indogermanisch stimmhaften Verschlusslauten stimmlose Verschlusslaute und aus stimmhaften aspirierten Verschlusslauten stimmhafte Frikative. Und damit lassen wir es bei der Einführung in die Anfänge der germanischen Sprachen auch bewenden.

Die germanischen Sprachen

Insgesamt gibt es 15 germanische Sprachen, die von rund 500 Millionen Menschen weltweit gesprochen werden. Zählt man die sogenannten Zweitsprecher mit hinzu, also Menschen, die eine zweite Sprache neben ihrer eigentlichen Muttersprache beherrschen, dann kommt man sogar auf 700 Millionen.

Man gliedert die germanischen Sprachen üblicherweise in Nord-, West- und Ostgermanisch.

- **Westgermanische Sprachen:** Deutsch, Jiddisch, Luxemburgisch, Niederdeutsch, Pennsylvania Dutch, Niederländisch, Afrikaans, Englisch und Friesisch.
- **Nordgermanische Sprachen:** Schwedisch, Dänisch, Norwegisch, Färöisch und Isländisch.
- **Ostgermanische Sprachen:** Alle ostgermanischen Sprachen sind ausgestorben. Die bestüberlieferte ostgermanische Sprache ist Gotisch.

- Englisch
- Deutsch
- Niederländisch
- Dänisch
- Schwedisch
- Norwegisch
- Afrikaans
- Isländisch
- Friesisch
- Färöisch
- Jiddisch

Die Verbreitung germanischer Sprachen weltweit

Entscheidend ist nur, dass sich anhand dieses Lautwandels rekonstruieren lässt, wann sich die Gruppe der „Germanen" gebildet hat, also das Vielvölkergemisch aus Menschen, deren heutige Sprachen alle auf dieses Ur-Germanisch zurückgehen, und die sich heute in Englisch, Deutsch, Niederländisch, Schwedisch etc. unterteilen lassen. Denn nur die Völker, die den Lautwandel vollzogen haben, zählen zu den Germanen. Und ob sie ihn mitvollzogen haben, lässt sich eben bis heute erkennen.

Nicht mitvollzogen hat ihn definitiv das Lateinische. Und das heißt wiederum, dass Römer und Germanen sich zur Zeit des Lautwandels noch nicht begegnet und die beiden Gruppen sich auf keinen Fall durchdrungen haben dürften. Denn sonst hätte entweder das Lateinische den Lautwandel mitvollzogen oder die Sprachen der Germanen hätten ihn eben ihrerseits nicht mitvollzogen.

Das, was wir über die Germanen heute wissen, das haben wir dennoch jahrelang in erster Linie den Texten römischer Geschichtsschreiber und hier in vielen Punkten der „Germania" des Tacitus entnehmen können. Und die Römer haben die für sie „fremde" Kultur naturgemäß in Abgrenzung zu ihrer eigenen beschrieben. Mittlerweile lassen sich diese ethnographischen Angaben des Tacitus aber durch archäologische Funde um einige Details ergänzen, so dass allmählich ein differenzierteres Bild entsteht.

Zum ersten Mal werden die Germanen historisch greifbar am Ende der Bronze- und zum Beginn der Eisenzeit, also um die Mitte des 1. Jahrtausends vor Christus, und zwar in etwa im Gebiet des heutigen Dänemark.

Ganz so einheitlich werden diese Zeitpunkte nicht gehandhabt. Denn man muss nach Regionen differenzieren, und wenn wir hier von der „beginnenden Eisenzeit" sprechen, dann von der im nördlichen Europa. In anderen Regionen wird dieser Beginn etwas abweichend datiert.

Die einzelnen Stämme

Um es gleich vorwegzunehmen: Es gab viele! Sehr viele.

Einen „Stamm" kann man am besten als eine Siedlungsgemeinschaft in einer bestimmten Region verstehen. Allerdings waren diese Siedlungsgemeinschaften ethnisch durchaus gemischt, Gebiete wurden eingenommen, Eroberer und Eroberte lebten zusammen, schlossen Ehen, vermischten sich.

Tacitus, auch hier erste Auskunftsquelle über die Germanen um die Zeitenwende, untergliedert zum einen in drei große Gruppen, erklärt aber gleichzeitig, dass es zahlreiche Stämme gibt, die nicht in diese Gliederung passen. Gar nicht bekannt sind ihm übrigens die skandinavischen Siedlungsgebiete.

Seit dem 2. Jahrhundert traten schließlich Großstämme als bedeutendste Akteure in der germanischen Welt auf. Sie wurden aggressive Gegner des römischen Imperiums und Träger der Völkerwanderungsreiche. Sie verflochten sich in unterschiedlicher Weise mit der mediterranen Hochkultur und beendeten die relative Einheit der Germanen zu Gunsten gesonderter Entwicklungen. Der Germanenname verschwand damit aus den antiken Quellen und wurde durch die Namen der Großstämme mit eigenen Traditionen ersetzt. Sie bestimmten das Geschehen der Völkerwanderungszeit und bildeten die Grundlage der europäischen Völker- und Nationalstaatengeschichte.

Wer lebte wo?

Zur Zeitenwende

Aber zurück zu den germanischen Stämmen der Zeitenwende. Grob lassen sie sich unterteilen in:

Nordseegermanen: Bei Tacitus heißen sie „Ingaevonen", hierzu gehören die *Angeln, Chauken* (die später im Großstamm der Sachsen aufgehen), die *Friesen* und *Warnen.*

Rhein-Weser-Germanen: Zu dieser Gruppe gehörten (in alphabetischer Reihenfolge) die *Angrivarier, Bataver, Brukterer, Chamaven, Chatten, Chattua-*

rier, Cherusker, Sigambrer, Sugambrer, Tenkterer, Ubier, Usipeter. Aus den am Rhein ansässigen Stämmen geht im 3. Jahrhundert der Großstamm der *Franken* hervor. Die Stämme an der Weser, wie die Angrivarier und die Cherusker, schlossen sich dagegen den Sachsen an.

Sueben: Zu den *suebischen* (auch swebischen) bzw. elbgermanischen Gruppen gehören die *Hermunduren, Langobarden, Markomannen, Quaden, Semnonen* und vielleicht (aber das ist umstritten) die *Bastarnen*: Aus ihnen ging im 3. Jahrhundert vor allem der Großstamm der *Alamannen* hervor, dazu bildeten u. a. die Markomannen durch Vermischung mit anderen Stämmen und Volksgruppen den Großstamm der *Bajuwaren*, die Hermunduren den der *Thüringer*. Ein Teil der Sueben überquerte zusammen mit Alanen und Vandalen 406 den Rhein und wanderte mit diesen 409 nach Hispanien ein. Dort bildeten sie im Nordwesten das Reich der Sueben, das die Grundlage des späteren Staates *Portugal* bildete. Die Langobarden, nach denen die Lombardei benannt ist, nahmen ebenfalls andere germanische Gruppen in ihren Stamm auf, gründeten zuerst in Pannonien und 568 nach Eroberungen in Italien ein Reich.

Nordgermanen (nicht zu verwechseln mit den Nordseegermanen): Hier-

zu gehörten die *Ästier* und *Suionen*. Sie werden auch Ostseegermanen genannt und lebten auf der jütischen Halbinsel und im südlichen Skandinavien. Zu den Nordgermanen werden auf Grund sprachlicher Indizien die skandinavischen Stämme gerechnet. Aus ihnen gingen später die Dänen, die Schweden und die südlichen Norweger hervor. Wie weit die übrigen Norweger und Isländer hinzuzurechnen sind, das hängt von verschiedenen Definitionen ab. Archäologisch werden die Nordgermanen in die Ost- und Westnordische Gruppe aufgeteilt. Einen Übergangsbereich zu den Nordseegermanen bilden die Angeln und die Jüten.

Oder-Warthe-Germanen: die *Burgunden, Lugier* und *Vandalen*. Archäologisch werden sie der Przeworsk-Kultur im südlichen Polen zugeordnet.

Weichselgermanen: Die *Bastarnen, Gepiden, Gotonen, Rugier* und *Skiren*. Archäologisch werden sie der Wielbark-Kultur (Willenbergkultur) zugeordnet, deren Vorgänger die Oksywie-Kultur (Oxhöftkultur) war. Nachdem die Wielbark-Kultur in den Raum südlich der Ostsee expandierte, hat sie sich nach Südosten verlagert, wo sie in die Tschernjachow-Kultur des 2. bis 5. Jahrhunderts übergeht. Diese archäolo-

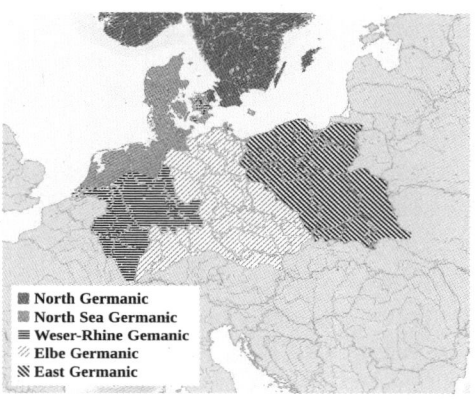

- North Germanic
- North Sea Germanic
- Weser-Rhine Gemanic
- Elbe Germanic
- East Germanic

Die Siedlungsräume der Germanen zur Zeitenwende

gischen Funde spiegeln sicherlich die Wanderung der Goten wider.

Noch eine Anmerkung zu der abgebildeten Karte: In der Legende werden zwei Gruppierungen genannt, die in der Auflistung weiter oben so nicht zu finden sind. Es geht einmal um die „Elbgermanen" und einmal um die „Ostgermanen". Daran lässt sich bereits erkennen, dass die große Gruppe der Germanen unterschiedlich eingeteilt werden kann. Bei den Elbgermanen handelt es sich um jene Stämme, deren Siedlungsgebiet sich von der Elbmündung beiderseits des Flusses bis nach Böhmen und Mähren erstreckte. Zu ihnen zählt man die Semnonen, Hermunduren, Quaden, Markomannen und Langobarden. Historisch werden sie am ehesten mit den suebischen Stäm-

men gleichgesetzt. Und um es noch ein bisschen verwirrender zu machen: Nach früherer Kategorisierung gehörten sie zu den Westgermanen.

Mit den „Ostgermanen" sind hier die Stämme der West- und Ostgoten, Burgunden, Rugier, Heruler, Skiren, Vandalen und Gepiden gemeint.

Zur Zeit der Spätantike / Völkerwanderung

Die Stämme, unter deren Namen germanische Völker schließlich in der Spätantike bekannt wurden, existierten zur Zeit des Tacitus noch nicht oder waren vage Bezeichnungen. Franken, Goten, Burgunden, Vandalen, Markomannen – die späteren Bajuwaren – u. a. bildeten sich als Großstämme erst in den Jahrhunderten nach der Zeitenwende heraus.

Alamannen: Sie werden das erste Mal unter den Stämmen erwähnt, die nach 260 das von den Römern aufgegebene rechtsrheinische Dekumatland (*Agri decumates*, ein Gebiet östlich bzw. nördlich von Rhein und Donau) besetzen. Der Name „Alamannen" bedeutete ursprünglich „zusammengespülte und vermengte Menschen", denn zu dieser Gruppe gehörten u. a. Stammesgruppen der Semnonen, Burgundionen, Rätovarier und Brisigavier. Ab der Mitte des 5. Jahrhunderts wurde aus dem zweiten „a" ein „e" und damit die Alamannen zu den Alemannen. Sie dehnten nun ihr Siedlungsgebiet auch auf linksrheinische Gebiete aus bis in die Champagne. Das allerdings gefiel den Franken nicht, es kam zur Schlacht, und die nördlichen Territorien gingen 496 an diese verloren. Im 7. Jahrhundert expandierten die Alemannen in die Nordschweiz.

Burgunden: Glaubt man Plinius d. Ä. (23/24–79 n. Chr.), dann siedelten die Burgunden zur Zeitenwende im Gebiet zwischen Oder und Weichsel. Ab dem 2. Jahrhundert bewegten sie sich nach Westen und besiedelten die Lausitz und östliche Teile Brandenburgs. Ein Jahrhundert später erreichten Stammesgruppen das Maintal und zu Beginn des 5. Jahrhunderts kam es zur ersten Reichsgründung in der Region von Worms und Speyer.

Franken: Sie bildeten sich aus einem lockeren Kampfverband der Chamaven, Salier, Chattuarier, Ampsivarier, Brukterer und anderer Stammesgruppen. Die salischen Franken erhielten als *foederati* der Römer Siedlungsgebiet in Toxandrien. Diese Besiedlung expandierte und umfasste im 5. Jahrhundert die Region zwischen Lüttich und Tournai. Am Niederrhein gründeten ripuarische Franken ein Fürstentum mit Köln als Zentrum.

Goten: Die Goten zählen zu den sogenannten „Ostgermanen", sie entwickelten sich wahrscheinlich als Stammesverband im Gebiet der Weichselmündung. Dort sind sie jedenfalls zur Zeitenwende belegt. Aussagen über die Herkunft der Goten sind jedoch sehr problematisch: Die zum Teil überlieferte Stammeslegende, wonach die Goten aus Skandza (Skandinavien oder Gotland) stammen sollen, ist archäologisch nicht zu beweisen. Nach 150 verschob sich ihr Siedlungsraum langsam in Richtung Schwarzes Meer.

Langobarden: Die Langobarden traten als eigene ethnische Gruppe innerhalb der Germanen erst Mitte des 5. Jahrhunderts in Erscheinung. Im Jahr 488 werden sie erstmals als Langobarden erwähnt. Ihre Vorfahren siedelten zunächst im Bereich der Niederelbe. Später zogen erste Gruppen entlang der Elbe nach Böhmen und in angrenzende Gebiete. Zur Zeit der Markomannenkriege in der zweiten Hälfte des 2. Jahrhunderts gelangten einige von ihnen über die Donau bis nach Pannonien. Dort schlossen sich ihnen weitere elbgermanische Stammesgruppen an. Ebenso erhielten sie Zuzug von germanischen Populationen aus Thüringen.

Markomannen: Sie traten erstmals um die Zeitenwende im Heer des Ariovist in Erscheinung. Ihr ursprüngliches Gebiet war am Main, jedoch wanderten sie unter dem Druck der Römer kurz vor der Zeitenwende nach Böhmen. Dort bildeten sie das Zentrum eines Stämmebundes. Im 4. Jahrhundert erwähnte man sie das letzte Mal.

Sachsen: Die *Sachsen* bildeten sich vermutlich im 3. Jahrhundert, eventuell jedoch erst im 4. Jahrhundert aus älteren Stämmen der Nordseegermanen. Im 5. Jahrhundert teilten sie sich in die nach England abwandernden Angelsachsen und die auf dem Festland verbleibenden Altsachsen. Letztere beherrschten ein Jahrhundert hindurch weite Gebiete an der Nordseeküste. Einen Zusammenhang zwischen den Sachsen im heutigen Freistaat und den „germanischen" Sachsen gibt es übrigens nicht. Die Sachsen von heute waren ursprünglich eine durch Kolonisation und Assimilation entstandene kulturelle Mischbevölkerung süd-, mitteldeutschen und slawischen Ursprungs.

Thüringer: Nach dem Abzug der Hunnen etablierten die Thüringer ein Königreich, das 531 von den Franken unterworfen wurde. Nordthüringen (ungefähr das heutige Sachsen-Anhalt links der Elbe) wurde danach teilweise von den Sachsen besiedelt, ebenso wurden Hessen, Schwaben und Friesen angesiedelt.

Vandalen: Die Vandalen hatten ihr ursprüngliches Siedlungsgebiet in der Region zwischen Oder und Warthe im Bereich der Przeworsker-Kultur. Die Stammesgruppe war in die Teilverbände der Hasdingen und der Silingen – von hier hat die Region möglicherweise den Namen „Schlesien" erhalten – gegliedert. Im 2. Jahrhundert migrierten einige Stammesgruppen bis zum Karpatenbogen und in die Theißebene.

Gesellschaft und gesellschaftliches Leben

Die Alltagskultur der Germanen lässt sich bis heute nur bruchstückhaft rekonstruieren. Vieles muss offen bleiben, einiges im Bereich der reinen Spekulation. Trägt man das Wenige, was man sicher weiß, aber zusammen, ergibt sich ein halbwegs schlüssiges Bild, das von einer eher kargen Lebenswelt erzählt.

Siedlungen

Allzu viel wissen wir heute nicht über die Siedlungsformen der Frühzeit. Ein paar Details lassen sich aber aus vereinzelten Ausgrabungen erkennen. Zunächst einmal: Die Germanen dürften Einzelgänger gewesen sein. Das hatte damals schon Tacitus festgehalten, der sich wunderte, dass sich die Germanen, anders etwa als die Kelten, nicht in Dörfern oder gar Städten zusammenschlossen. Stattdessen finde man freistehende Gehöfte, ab und zu einzelne kleine Siedlungen. „Jeder wohnt für sich und von den Nachbarn entfernt", schreibt er, „wie gerade ein Quell, ein Feld, ein Gehölz zur Siedlung ladet. Der germanische Weiler bildet nicht die geschlossenen Häuserreihen des römischen Dorfes; jeder stellt sein Haus nach allen Seiten frei (…)"[4] Über die Gründe dafür kann Tacitus nur spekulieren, vielleicht, so meint er, könnten die Germanen es einfach nicht besser.

Ob sie es besser gekonnt hätten oder nicht, wissen wir nicht. Fest steht auf alle Fälle, dass die Beobachtung des Tacitus der Gesamtheit germanischer Siedlungsformen nicht ganz gerecht wird. Dazu war die Region, in der die Stämme siedelten, zu groß und die Lebensgewohnheiten eben bei weitem nicht so homogen, wie es Tacitus noch erscheinen mochte.

In den skandinavischen Küstenregionen und den heutigen Niederlanden etwa dominierten tatsächlich lange die freistehenden Einzelgehöfte. Bis heute findet man in Skandinavien zum Teil noch die „Hauswiese", die einzelne Häuser umgibt.

4 TACITUS, GERMANIA 16.

Allzu viel ist zwar nicht mehr zu erkennen, aber das Foto zeigt Teile des Walls und Hausreste in Borremose.

Ausgrabungen in den Wurtendörfern – eine „Wurt" ist ein aufgeworfener Siedlungshügel – von Feddersen Wierde im östlichen Friesland oder im Hochmoor von Borremose im dänischen Jütland zeigen aber auch ein ganz anderes Bild. Von Überbevölkerung kann zwar auch hier nicht direkt die Rede sein, aber immerhin brachte es Feddersen Wierde im Verlauf von 600 Jahren und insgesamt acht Siedlungsphasen, in denen die Wurt immer weiter aufgeschüttet wurde, auf ganze 175 Gehöfte, ungefähr 26 davon wurden jeweils zur selben Zeit bewohnt, 22 waren es in Borremose. 30 bis 50 Höfe umfassen einige Dörfer am Ende der Eisenzeit, das heißt, dass hier 250 bis 400 Menschen gelebt haben. In Borremose könnte sogar bereits ein Schutzwall das Dorf umgeben haben.

Feddersen Wierde

Heute sieht man dort nicht mehr viel, ein bisschen Weideland, irgendwo an einem Feldweg zwischen den Orten Wremen und Mulsum nahe der Wesermündung im Landkreis Cuxhaven. Nicht einmal Schilder lassen erkennen, was hier vor wenigen Jahrzehnten gefunden wurde: eines der wichtigsten Wurtendörfer der Frühgeschichte. Es klingt schon im Namen an, eine „Wierde", auch Warft, Werfte oder Wurt genannt, ist ein aufgeschütteter Siedlungshügel. Die Häuser, sowohl Einzelgehöfte als auch kleine Ansiedlungen, werden durch die Anhöhe vor Sturmfluten geschützt. Wurten fanden und finden sich in nordwestdeutschen Marschgebieten, an der Nordsee und den Niederlanden und – wohl am bekanntesten – auf den Halligen.

Der Siedlungsplatz Feddersen Wierde wurde ab dem 1. vorchristlichen Jahrhundert von Sachsen bewohnt, nicht zu verwechseln übrigens mit den Bewohnern des heutigen Freistaates! Gegen Ende des 5. Jahrhunderts wanderten sie ab, vermutlich ins heutige England.

Zwar nicht historisch, sondern sehr gegenwärtig: die Ockelützwarft auf der Hallig Hooge. Das Gehöft ist auf einer Anhöhe erbaut.

Das Wurtendorf aber blieb erhalten, zumindest so weit, dass es von 1954 bis 63 eine mehr als dankbare Fundstelle für Archäologen ergab.

Zu seinen „bevölkerungsreichsten" Zeiten bestand das Dorf aus 26 Höfen, ungefähr 300 Menschen und 450 Stück Großvieh, Rinder, Schafe, Pferde, Schweine, verteilt auf eine 4 Hektar große Fläche. Rechnet man das Umland hinzu, ergibt sich ein Gesamtbereich von 300 Hektar, der zum großen Teil als Weideland genutzt wurde, weniger für den Ackerbau.

Ein paar weidende Kühe in Feddersen Wierde zu besuchen, ist, wie bereits erklärt, wenig sinnvoll. Wer etwas über die Lebensformen in der Wurt erfahren möchte, findet Informationen, etwa zu den Höfen, im Niedersächsischen Landesmuseum in Hannover oder im Museum Burg Bederkesa in Bad Bederkesa (Angaben zu beiden siehe im Anhang!).

Moorleichen in Borremose

Drei Moorleichen wurden in den Jahren 1946 bis 48 in Borremose gefunden. Ihnen verdanken wir einiges an Informationen über die Kleidung der Menschen in der Eisen- und der Bronzezeit. Benannt werden die drei ganz schlicht als „Borremose I, II und III".

Wohnformen

Auch zu den Häusern der Germanen wissen wir nicht viel: Einzelhöfe, Kleinsiedlungen. Aber ein bisschen erzählen uns Ausgrabungsstätten wie die von Feddersen Wierde doch. Man wohnte damals in sogenannten Langhäusern, die mit 20 Metern Länge und einer Breite von 5 Metern ihren Namen durchaus verdien-

---

Um das Jahr 77 n. Chr. beschreibt der römische Chronist Plinius d.Ä. das Volk, das im Norden auf den künstlich aufgeschütteten Warften in Meeresnähe lebte, mit den folgenden Worten: *„… Gesehen haben wir im Norden die Völkerschaften der Chauken, die die größeren und die kleineren heißen. In großartiger Bewegung ergießt sich dort zweimal im Zeitraum eines jeden Tages und einer jeden Nacht das Meer über eine unendliche Fläche und offenbart einen ewigen Streit der Natur in einer Gegend, in der es zweifelhaft ist, ob sie zum Land oder zum Meer gehört. Dort bewohnt ein beklagenswertes Volk hohe Erdhügel, die mit den Händen nach dem Maß der höchsten Flut errichtet sind. In ihren erbauten*

Hütten gleichen sie Seefahrern, wenn das Wasser das sie umgebende Land bedeckt, und Schiffbrüchigen, wenn es zurückgewichen ist und ihre Hütten gleich gestrandeten Schiffen allein dort liegen. Von ihren Hütten aus machen sie Jagd auf zurückgebliebene Fische. Ihnen ist es nicht vergönnt, Vieh zu halten wie ihre Nachbarn, ja nicht einmal mit wilden Tieren zu kämpfen, da jedes Buschwerk fehlt. Aus Schilfgras und Binsen flechten sie Stricke, um Netze für die Fischerei daraus zu machen. Und indem sie den mit den Händen ergriffenen Schlamm mehr im Winde als in der Sonne trocknen, erwärmen sie ihre Speise und die vom Nordwind erstarrten Glieder durch Erde."
PLINIUS D. Ä.: NATURALIS HISTORIA XVI 1, 2–4

Modell einer Hofwurt auf Feddersen-Wierde mit langem Wohnstallhaus, Speicher und Viehstall

ten. Menschen und Tiere lebten hier zusammen, deshalb spricht man auch von „Wohnstallhäusern". Lange blieb diese Einheit von Mensch und Tier allerdings nicht bestehen, bereits in den ersten drei nachchristlichen Jahrhunderten trennte man zumindest bei den Herrenhäusern der wohlhabenderen Familien zwischen Ställen und Wohnbereich. Nur in einigen Gegenden, zu denen unter anderem Island zählt, blieb die Einheit von Stall und Wohnhaus noch Jahrhunderte lang erhalten, man spricht deshalb hier auch – die Isländer werden das sicher gerne hören – von „Retardierungsgebieten". Immerhin hat die Wissenschaft eine Erklärung für dieses Nachzüglertum zu bieten: das unwirtliche Klima! Die Tiere sorgten mit ihren Körpern für zusätzliche Wärme in den Häusern, weshalb die

Wohneinheit Mensch/Tier erst einmal beibehalten wurde.

Die Häuser bestanden im Wesentlichen aus zwei Bereichen, einem großen für die Tiere und einem kleineren für die Menschen. Die Eingänge lagen einmal an der Giebelseite des Stalles und jeweils an seinen beiden Seiten unmittelbar vor dem Wohnbereich. Sie wurden mit hölzernen Schwellen verstärkt, der Lehmboden davor mit Flechtmatten ausgelegt. Die Wände wurden aus Pfostenreihen gebildet, die die Dachlast trugen. Die Hauptlast lag aber auf den in Längsrichtung stehenden Innenpfosten. Diese Pfosten wurden bis zu einem Meter tief in der Erde versenkt und so verankert. Zwischen den Außenpfosten wurden Flechtwände angelegt, die aber keine tragende Funktion hatten.

Auch über das Material zum Hausbau wissen wir heute etwas: Die Pfeiler bestanden aus Eichenpfosten, die Wände aus lehmverschmiertem Flechtwerk, in Skandinavien waren es auch Grassodenwälle. Das Dach war wiederum aus Schilf, Stroh oder – wieder im Norden – Grassoden, getragen wurde es im Inneren von zwei Pfeilerreihen, so dass sich ein „dreischiffiger" Effekt ergab.

Versuch der Rekonstruktion eines Wohnstallhauses aus der Bronzezeit im dänischen Nationalmuseum

Zumindest Tacitus konnte, wenn auch wohl nur vom Hörensagen, der Ästhetik dieser Häuser nicht sonderlich viel abgewinnen: „(…) alles ist von Holz", schreibt er, „plump und ohne Rücksicht auf Auge und Schönheit. Nur werden

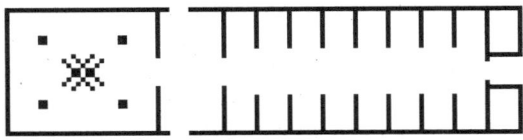

Und so sieht ein Wohnstallhaus in der schematischen Skizze aus.

25

einzelne Teile des Baus mit einer feinen glänzenden Lehmart übertüncht und erinnern so einigermaßen an Malerei und Farbenornamentik." Nebenbei gesagt irrt er hier, aus Holz waren diese Häuser nicht.

Sonderlich praktisch und vor allem besonders langlebig waren sie allerdings auch nicht. 20, maximal 30 Jahre betrug die „Lebensdauer" eines solchen Hauses, dann hatte die Fäulnis ihr Ziel erreicht, das Haus war unbewohnbar geworden.

Im Wohnbereich befand sich die Feuerstelle, um die herum sich Arbeit, Mahlzeiten und Freizeit, sofern es viel davon gab, abspielten. Außerdem wurde hier geschlafen.

Und noch ein paar Worte zur „Dorfgestaltung": Die Wohnstallhäuser waren halbkreisförmig um einen freien Platz gruppiert, außerdem lässt sich in der Feddersen Wierde ein Mehrbetriebsgehöft nachweisen, ein großer Hof mit Nebengebäuden, von dem man annimmt, es sei eine Art „Herrenhof" gewesen. Ein weiteres, großes Gebäude mit drei Flügeln, aber ohne innere Unterteilungen wurde möglicherweise als Versammlungshaus genutzt. Außerdem fand man einen Dreschboden und Werkstätten für die Verarbeitung von Bronze und Eisen.

Die Feddersen Wierde gilt, und deshalb wird hier so oft auf sie Bezug genommen, übrigens als eine jener Fundstätten, die mit am ausführlichsten Auskunft geben über das Leben zur späten Eisenzeit in Norddeutschland.

Essen und Trinken

„Ihre Getränke bereiten sie aus Gerste oder Weizen, ein Gebräu, das einigermaßen Ähnlichkeit mit geringem Weine hat. (…) Die Speisen sind einfach: wildes Obst, frisches Wildbret oder saure Milch; ohne Aufwand, ohne Leckerbissen begnügen sie sich, den Hunger zu stillen."

Bier, Obst, Sauermilch und Wildbret. Glaubt man diesen Ausführungen des Tacitus, dann waren die Germanen nicht gerade Anhänger der gehobenen Küche. Das ist zwar insgesamt richtig. Trotzdem hat der römische Geschichtsschreiber mit seiner Auflistung nicht so ganz Recht. Denn von der jüngeren Steinzeit bis in die Epoche der Völkerwanderung hinein bleibt der Anteil an Wildbret konstant unter zwei Prozent der gesamten Nahrung. Damit dürfte die Jagd nicht dazu beigetragen haben, den wesentlichen Teil der Ernährung bereitzustellen. Das untermauern auch die Analysen vom – jetzt wird es kurzzeitig etwas unappetitlich! – Mageninhalt einiger Moorleichen. Anders dürfte es sich dagegen in vielen Regionen, insbesondere in Skandinavien, mit Fisch verhalten haben, wie die Funde von Fischgräten bezeugen.

Mit dem Hinweis auf „wildes Obst", lat. „agrestia poma", wollte Tacitus wohl in erster Linie betonen, dass die Germanen eine Art Naturvolk waren.

In der germanischen Mythologie gilt Met als Getränk der Asen, der Götter. Die „Edda", eine altisländische Sammlung skandinavischer Götter- und Heldensagen aus dem 13. Jahrhundert, berichtet von regelrechten Gelagen, bei denen Met zu kultischen Zwecken getrunken wurde.

Hauptnahrungsquelle dürfte im Norddeutschland der römischen Eisenzeit Getreidebrei gewesen sein. Und zwar nicht nur aus kultivierten Getreidesorten, sondern auch aus Pflanzen, die bei uns heute als Unkraut gelten würden.

Anders verhielt es sich mit dem Bier, das war auf dem Siedlungsgebiet der Germanen tatsächlich bereits seit der frühen Eisenzeit bekannt – und den Römern übrigens eher fremd. Und noch ein weiteres Getränk dürfte den Römern zunächst fremd gewesen sein: der Met, ein Wein aus Honig und Wasser, von dem sich Reste in Hörnern und anderen Gefäßen aus Schleswig-Holstein und Dänemark finden.

Gegessen wurde an langen Tischen, die aus Brettern bestanden, die man ihrerseits über Holzpflöcke legte. Gabeln gab es noch keine, aber auch die aus dem Mittelalter überlieferte Gepflogenheit, Brotscheiben als Teller zu verwenden, ist aus der Frühzeit der Germanen nicht bekannt. Vermutlich hat man aus Holzschalen und mit Löffeln gegessen, für das Fleisch wurden gelegentlich kleine Essstäbchen zum Aufspießen verwendet. Spätestens seit der Zeitenwende um Christi Geburt gab es aber auch diverse römische Importe: Trinkgefäße und Tischgeschirr aus Edelmetall, gelegentlich sogar schon Gläser drückten in dieser Zeit bereits den sozialen Status ihrer Besitzer aus.

Auf dem Relief der Mark-Aurel-Säule in Rom sind Ereignisse der Markomannenkriege dargestellt. Ihnen verdanken wir erste Eindrücke vom Erscheinungsbild der Germanen.

Kleidung und Schmuck

Germanen waren bärtig! Alle. Es waren große Männer mit beeindruckender Statur, finsterem Blick und dem besagten Vollbart. Männer, denen man tunlichst nicht dumm kommt.

Das ist zwar, was den Bart betrifft, nicht so ganz weit weg von der Realität, zu einem Teil versteckt sich aber auch ein Topos in diesem Bild, nämlich der von den Barbaren.

Aber es gab auch „die anderen": die Glattrasierten. Das wissen wir aus Funden von Moorleichen. Und es gab sogar

Und hier die gesamte Mark-Aurel-Säule in voller Größe: 29,6 Meter ist sie hoch.

Diese Bronzestatue aus dem 2. Jahrhundert zeigt einen gefesselten Germanen mit Suebenknoten.

eine spezielle Haartracht für Männer, den sogenannten Suebenknoten, einen seitlich gebundenen Haarknoten, den eben – der Name sagt es bereits – vor

allem die Sueben und die ihnen benachbarten Völker trugen. Tacitus schreibt dazu:

„Ein Kennzeichen des Stammes ist es, das Haar seitwärts zu streichen und in einem Knoten hochzubinden. So unterscheiden sich die Sueben von den übrigen Germanen, so bei ihnen selbst die Freien von den Sklaven (...) Bei den Sueben hingegen kämmen sie bis ins hohe Alter das widerstrebende Haar nach hinten und knüpfen es oft genau auf dem Scheitel zusammen; die Vornehmen tragen es noch kunstvoller. Das ist Schönheitspflege, aber von harmloser Art; denn nicht um zu lieben oder geliebt zu werden, richten sie sich her, sondern um recht groß und furchtbar zur erscheinen, wenn sie in den Krieg ziehen: (...)"[5]

Also keine Eitelkeit, sondern auch wieder Ausdruck des Kriegsgebarens ... Für diesen Haarknoten brauchte man übrigens recht lange Haare, dünne und fettige (!) sollen praktischer gewesen sein als besonders volle und seidige Haare.

Getragen haben die Männer Hosen, einen hemdartigen, oft gegürteten Kittel und darüber einen an der Schulter geschlossenen Mantel. Und wieder dient uns das Moor als erste Auskunftsquelle oder eher: Fundstätte. Denn das „Mo-

5 TACITUS, GERMANIA 38.

Fundstücke im Thorsberger Moor

Das Thorsberger Moor ...

Man geht davon aus, dass es sich bei den Gegenständen um Opfergaben handelt, die Waffen stammen dabei vermutlich aus Konflikten zwischen nordgermanischen Stämmen Skandinaviens und solchen aus dem sogenannten „freien Germanien" – der „Germania Magna" –, in direkter Nachbarschaft zum Römischen Imperium. Viele der Fundstücke, insbesondere die Waffen, sind römischer Herkunft und könnten Beutestücke sein.

Eigentlich sieht es recht unscheinbar aus, das Thorsberger Moor in Schleswig-Holstein. Anders beurteilen das allerdings die Archäologen. Denn in den Gewässern konnten sie einige wertvolle Gegenstände der germanischen Kultur aus der Zeit zwischen dem ersten Jahrhundert vor und dem fünften Jahrhundert nach Christus finden. Zu den herausragenden Funden gehören eine Gesichtsmaske, Kleidungsstücke und Waffen.

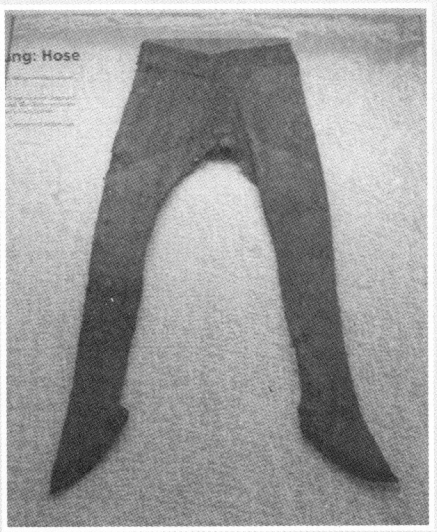

... und eines seiner Fundstücke: die „Thorsberg-Hose"

dell" dieser Hose, die „Thorsberg-Hose", wurde in eben jenem Thorsberger Moor im nördlichen Gemeindegebiet von Söderbrarup/Schleswig-Holstein entdeckt. Sie stammt aus dem 2. nachchristlichen Jahrhundert.

Auch über die Kleidung der Frauen wissen wir heute einiges: Hauptkleidungsstück war ein bodenlanges, ärmelloses Kleid, das an den Schultern mit einer Fibel zusammengehalten wurde. Der Übermantel wurde durch eine weitere Fibel auf der Brust geschlossen.

Germanische Prunkfibel aus dem frühen 5. Jahrhundert

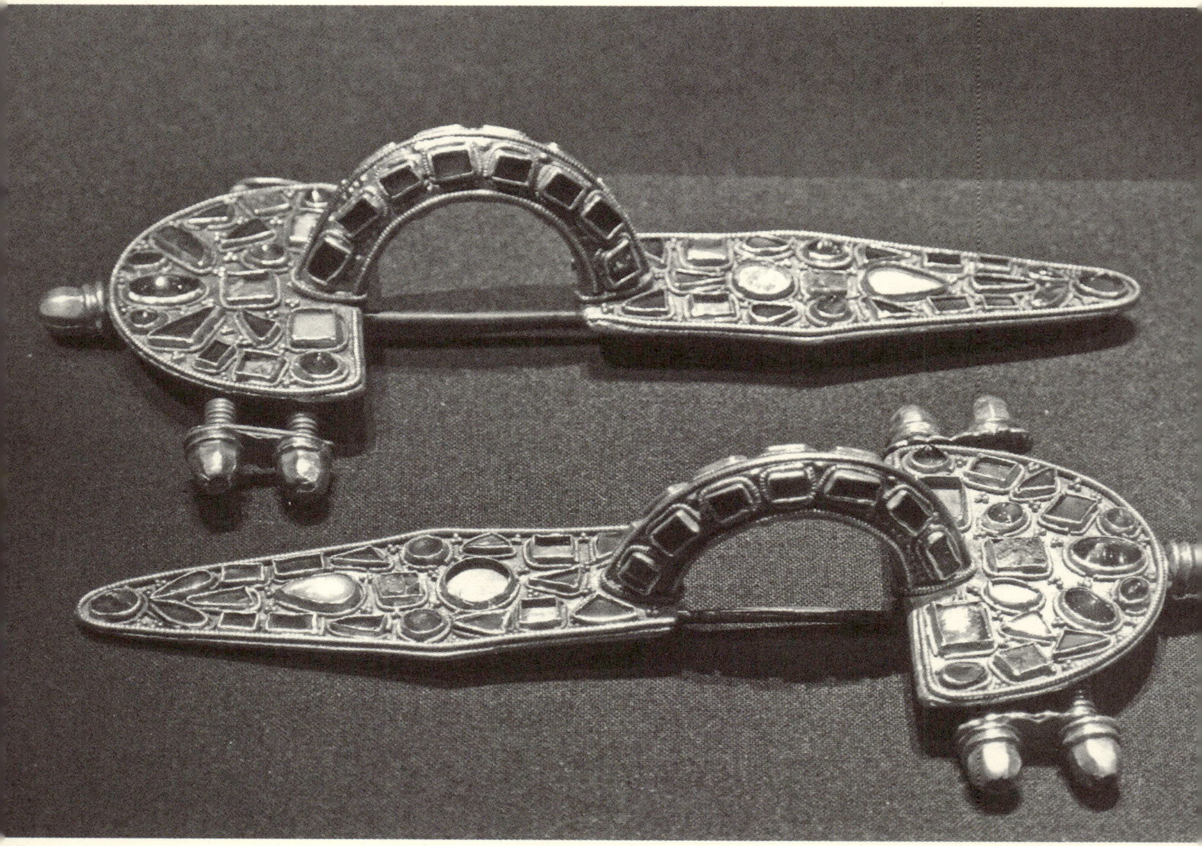

Diese Mäntel dürften sehr weit geschnitten gewesen sein. Außerdem trugen die Frauen Umhänge aus Schaf-Fell. Und was überrascht: Auch die Mode der alten Germanen kannte offenbar bereits kurze Röcke! Und zwar ziemlich kurze, Funde zeigen, dass sie unter 30 cm lang waren. Man kann hier nur spekulieren, es steht aber zu vermuten, dass es sich um Kleidung für junge Frauen gehandelt hat.

Außerdem zeigen die Funde, dass die Germanen bereits recht geschickt im Weben von Wollstoffen waren.

Als Schmuck verwendeten die Frauen vor allem Fibeln, also Spangen zum Zusammenhalten der Kleidung. Außerdem trugen sowohl Frauen als auch Männer Arm- und Halsringe. Denkbar wäre es zwar, dass diese Ringe eine kultische Bedeutung hatten, mehr noch waren sie aber Statussymbole, insbesondere für Krieger. Aber nicht nur für sie, auch die Skalden, die skandinavischen Dichter des Mittelalters, ließen sie sich gerne schenken.

Gesellschaft

Die Gesellschaft der Germanen war, bei aller „Demokratie", die dem Thing, der Volks- und Gerichtsversammlung, bis heute anhaftet, hierarchisch gegliedert. Es gab Freie, Halbfreie und Unfreie, zu Letzteren gehörten Kriegsgefangene und Sklaven.

Denn auch die Germanen hielten Sklaven. Darin unterschieden sie sich grundsätzlich nicht von den Römern. Dennoch verzeichnet Tacitus einige wichtige Unterschiede: Die Sklaven gehörten zwar zum Sachbesitz des Haushalts, sie lebten aber gleichzeitig eher wie Kleinpächter, das heißt, sie wirtschafteten selbst. Im Haushalt mussten sie, anders als die Sklaven der Römer, nicht arbeiten. Sonderlich sympathisch klingt das, was Tacitus über den Umgang der Germanen mit ihren Sklaven schreibt, dennoch nicht.

„Der Sklave wird selten ausgepeitscht, in Fesseln gelegt oder muss Zwangsarbeit leisten. Häufiger wird er umgebracht. Nicht als Strafe oder Maßregel, sondern aus dem Affekt heraus und aus Wut."

Später, zur Zeit der Völkerwanderung und in der Epoche der Wikinger, schien der Handel mit Sklaven ein ausgesprochen lukrativer Wirtschaftszweig gewesen zu sein. Außer durch Freikauf oder lebensgefährliche Flucht blieb den Sklaven keine Möglichkeit, dem Leben in Unfreiheit zu entkommen.

Es versteht sich von selbst, dass Sklaven auch keinerlei Mitspracherecht beim „Thing" hatten, das regelmäßig abgehalten wurde und das bis heute als eine Art „germanische Urform" der Demokratie angesehen wird.

Das Thing

In regelmäßigen Abständen setzten sich die Mitglieder eines Stammes zusammen und berieten über die Angelegenheiten der Gruppe. Aber ganz so demokratisch, wie es sich idealisieren ließe, ist so ein Thing nicht gewesen: Denn selbstverständlich stimmten nur Männer, und zwar freie Männer ab. Weder Frauen, noch Kinder, noch Sklaven waren zum Thing zugelassen.

Ein rekonstruierter Thingplatz in Schleswig-Holstein

Gerichtsplatz mit Linde in Nentershausen in Hessen

Parlamente im Norden

Altnordisch und neuisländisch heißt der „Thing" „Þing" (das Þ spricht sich dabei wie das englische th), dänisch, norwegisch und schwedisch „Ting"; oberdeutsch auch „Thaiding" von ahd. *taga-ding*.

Das dänische Parlament trägt übrigens bis heute den Namen „Folketing", in Norwegen heißt es „Storting", in Island „Althing" oder, auf Isländisch, „Alþingi" und auf den Färöer-Inseln „Løgting". In Schweden heißen die Provinziallandtage „Landsting", Amtsgerichte heißen hier „Tingsrätt", in Norwegen „Tingrett".

Das Thing diente der politischen Beratung ebenso wie zu Gerichtsverhandlungen und auch zu kultischen Zwecken. Es fand unter Vorsitz des Königs bzw. des Stammes- oder Sippenoberhaupts unter freiem Himmel statt, oftmals unter Gerichtslinden und stets am Tag. Historischen Quellen zufolge dauerte es drei Tage. Die Thingordnung regelte unter anderem, wann und wo die Versammlungen abgehalten wurden und wer teilnehmen durfte. Mit der Eröffnung der Versammlung wurde der *Thingfriede* ausgerufen.

Allerdings war die Teilnahme nicht nur eine Auszeichnung. Sie war auch eine Pflicht, der alle freien Männer eines bestimmten Gebietes nachkommen mussten, auch dann noch, wenn die Reise zur Thingstätte sie Zeit und Geld kostete. Das Geltungsgebiet des Things fiel zusammen mit dem Stammesgebiet. War der Stamm sehr groß, wurde das Gebiet in mehrere Bereiche untergliedert, und jeder Bereich hatte sein eigenes Thing. Alle Bereiche trafen dann nur noch bei Angelegenheiten zusammen, die den gesamten Stamm angingen, so etwa bei einer Entscheidung über Krieg oder Frieden.

Getagt wurde an zentral gelegenen Orten, die leicht zu finden waren. Häufig wählte man deshalb Hügel oder Plätze mit markanten Erkennungsmerkmalen wie Steinen oder Bäumen. Die „Gerichtslinde" ist ein bekannter Begriff geworden, aber auch Eichen waren beliebte Thingplätze. Oder man wählte ein Stammesheiligtum, das oft in einem Hain oder auf einer Anhöhe lag. Innerhalb des Thingplatzes galt der Thingfriede.

Und noch eine Anmerkung zum Zeitpunkt der Thingversammlungen: Die Germanen glaubten an den Mond. Der erlebte ja unlängst auch bei uns eine große Renaissance: Da wurde nur zu bestimmten Tierkreiszeichen die Haare geschnitten, das Haus geputzt, der Garten bearbeitet. Bei den Germanen waren es die Termine ihrer Versammlungen, die nach dem Mond organisiert wurden. Je nach Größe des Stammes konnten die Abstände einen Monat oder sogar drei Jahre auseinander liegen. Nur zu besonderen Ereignissen, wie etwa dem Kriegsfall, hatte der Mondkalender Pause. Da wurde getagt, wenn der Anlass es erforderte.

Familie, Ehe und Rollenbilder

Wenn es um den Krieg ging, dürften Männer durchaus Aktivität unter Beweis gestellt haben. Zu Friedenszeiten dagegen war es um ihren Tatendrang eher schlecht bestellt, glaubt man den Aufzeichnungen des Tacitus:

„Quoties bella non ineunt, multum venatibus, plus per otium transigunt dediti somno ciboque; fortissimus quisque ac bellicosissimus nihil agens, delegata domus et penatium et agrorum cura feminis senibusque et infirmissimo cuique ex familia: (...)"

Wenn sie nicht in den Krieg zögen, dann gingen sie jagen, noch mehr aber täten sie nichts, würden essen und schlafen. Die mutigen und kriegerischen Männer würden nun einfach gar nichts machen, die Verantwortung für Haus, Hof und Landwirtschaft übergeben sie den Frauen, den Alten und jedem Schwächling der Familie.

Soweit Tacitus. Allerdings schließen sich in diesem Fall die Historiker dieser Hypothese der Untätigkeit an.

A propos Familie. Die kam durch verschiedene Formen des Zusammenlebens zustande: Bei der Adelsschicht, die sich im Zuge kriegsbedingter Hierarchien allmählich herausbildete, galt die „Vertragsehe", das heißt, hier schlossen nicht die Ehepartner, sondern deren Familien miteinander einen Vertrag. Die Frau wurde dabei aus der „Muntgewalt" ihres eigenen Familienoberhauptes in die des Mannes übergeben. Diese Übergabe wurde mit Vertrag, Brautpreis, Mitgift und Morgengabe bestätigt. Der Braut-

Die Munt

Der historische Begriff „Munt" bedeutet „Schutz", auch im Sinne von Rechtsschutz, „Schirm" oder „Vormundschaft". Er leitet sich ab vom urgermanischen mundõ, Hand, Schutz', im Lateinischen findet sich das „mundium". Diese Munt ist der Vorläufer unseres heutigen Betreuungsrechts. Der „Muntherr", der heutige „Vormund", übernahm damit den Schutz und die Haftung für den „Müntling", das heutige „Mündel". Ehefrau, Kinder und Gesinde unterstanden in der Vergangenheit der Munt des sogenannten Hausherrn. Im Gegensatz zu den Töchtern, die auch mit der Eheschließung unmündig blieben, wurden die Söhne mit Gründung eines eigenen Hausstands, ab dem Mittelalter an ihrem 21. Geburtstag „selbstmündig".

preis war dabei jener Betrag, der an die Familie der Frau gezahlt werden musste, um sie so aus der Muntgewalt ihres Oberhauptes auszulösen.

Daneben gab es aber auch weitere rechtsgültige Formen der Ehe: etwa die „Friedelehen", vertraglose, aber dauerhafte Partnerschaften. Dann – weit weniger erfreulich, zumindest für den einen Teil der Ehegemeinschaft – „Raub"- und „Entführungsehen", aber auch selbstbestimmte „Witwenehen".

Gelegentlich liest man, dass bereits die Germanen in sogenannten Einehen lebten. Dem schließt sich der Historiker Rudolf Simek allerdings nicht an. Es war im Gegenteil erlaubt, neben der Vertragsehe auch Gemeinschaften mit Nebenfrauen, sogenannten Kebsfrauen, aber auch andere Formen des Konkubinats zu führen. Insbesondere unfreie Frauen waren als Nebenfrauen durchaus gang und gäbe. Erst ab der Karolingerzeit und damit unter katholischem Einfluss änderten sich die Sitten: weg von der Polygamie hin zur Einehe. Was in der Praxis allerdings nicht unbedingt auch einen Trend zur Monogamie bedeutet haben muss …

Die Ehebrecherin und ihr Geliebter

Es ist romantisch und tragisch zugleich: Einst gab es in einem kleinen Dorf im Domslandmoor bei Windeby nahe dem heutigen Eckernförde/ Schleswig-Holstein ein junges Mädchen. Sie war verheiratet. Aber sie war nicht glücklich in dieser Ehe, sie liebte einen anderen. Und der erwiderte ihre Gefühle, sie trafen sich heimlich, niemand durfte etwas von ihrer Verbindung wissen. Aber ihr Geheimnis wurde entdeckt. Und damit war das Schicksal des Mädchens besiegelt, das Schicksal einer Ehebrecherin: Man schor ihr die Haare, verband ihr die Augen und trieb sie mit Rutenhieben ins Moor. Den Daumen ihrer rechten Hand musste sie zwischen Zeige- und Mittelfinger schieben, das ergab die sogenannte Feigenhand, eine Art Eingeständnis ihres Ehebruchs. Wenige Meter daneben lag ihr Geliebter, auch er zum Tod durch Ertrinken verurteilt. Die Geschichte ist so tragisch-schön, dass sie Dichter und Musiker gleichermaßen animierte: „Punishment" nannte der irische Nobelpreisträger Seamus Heaney sein Gedicht, und auch Tony Dillon-Davis schrieb Verse über das „Windeby Girl" mit den flachsblonden Haaren. Der niederländische Jazzmusiker Chris Hinze widmete ihr den Soundtrack „Virgin Sacrifice", und die australische Kinderbuchautorin Pamela Rushby verlegt ihren Roman „Circles of Stone" über das Mädchen Ana und ihren Geliebten von Norddeutschland ins schottische Hochmoor. Und dann ... Alles ein Irrtum! Die Finger hatten sich erst einige Zeit nach der Ausgrabung zur „Feigenhand" verformt, erste Fotos nach dem Fund zeigten die Hand in anderer Haltung. Die Augenbinde war weiter nichts als ein verrutschtes Haarband. Und das wichtigste aller Argumente gegen die Geschichte um arrangierte Ehe und verbotene Liebe, das erst im Jahr 2005 endgültig bekannt wurde: Das Mädchen war ein Junge! Die wenige Meter von ihr beziehungsweise nun von ihm entfernt gefundene Männerleiche ist übrigens 300 Jahre älter, was bei allem Wunsch der Nachwelt nach Romantik eine Liebesbeziehung schlicht unmöglich gemacht haben dürfte.

Immerhin können Funde wie diese zur Mythenbildung beitragen. Um das Märchen von der so traurigen wie ergreifenden Liebesgeschichte nicht endgültig einer anderen Realität preiszugeben, sollen die Fotografien des „Kindes von Windeby", offiziell als „Moorleiche von Windeby I" bezeichnet, und die des „Mannes von Windeby", der „Moorleiche von Windeby II", hier nicht abgebildet werden.

Frauen

Nur Gutes weiß Tacitus über die germanischen Frauen zu berichten: Sie lebten keusch und nicht verdorben von den Verführungen des Theaters, von der Unvernunft der Gelage. Einmal nur binden sich diese Frauen und von da an stellen sie ihren Mann über alles andere im Leben (Germania 10).

Man sieht: Hier spielt der tadelnde Blick auf die eigene, römische Gesellschaft, die er als dekadent empfunden haben dürfte, wohl eine größere Rolle als die Lebensrealität germanischer Frauen.

Und noch etwas berichtet Tacitus, etwas, das zumindest einige Frauen der

Weise Frauen der Germanen

Aurinia: Eine Seherin, die offenbar während der Feldzüge des Drusus und Tiberius, zwischen 9 v. und 14 n. Chr. einige Bedeutung hatte. Genaueres ist über sie nicht überliefert. Ihr Name wurde in späteren Editionen der „Germania" auch zu „Albruna" korrigiert, dann hieße sie „die mit dem Geheimwissen der Alben Versehene".

Veleda: Sie war eine germanische Seherin vom Stamm der Brukterer, die um 70 n. Chr. zur Zeit Vespasians wirkte, später wurde sie als Gefangene nach Italien gebracht. Veleda ist sogar zu einiger historischer Bedeutung gelangt, denn sie sagte beim Bataveraufstand des Iulius Civilis den Sieg für die aufständischen Germanen voraus. Und auch in der Literatur findet man sie, unter anderem in einem Roman des romantischen Dichters Friedrich de la Motte Fouqué und in einem Kinderbuch von Rolf Kahl („Die Wächter der Veleda"). Wer bei dem Namen der Seherin übrigens an das anthroposophische Pharmaunternehmen „Weleda" denkt, der irrt nicht. Angeblich ist der Name bei der weisen Frau entlehnt.

Ganna: Sie wirkte am Ende des 1. Jahrhunderts n. Chr. und war die direkte Nachfolgerin von Veleda. Ganna begleitete den Fürst Masyas aus dem Stamm der Semnonen zu Verhandlungen mit Kaiser Domitian, entweder zu dessen zeitweiligen Aufenthalt in Gallien, oder nach Rom. Genauso wie schon Veleda wurde auch Ganna als „Jungfrau" bezeichnet. Und auch sie hatte vermutlich politischen Einfluss. Der Name Gannas wird mit dem altnordischen gandr, ‚Zauberstab', verbunden gedeutet.

Waluburg: Sie war eine Wahrsagerin aus dem Stamm der Semnonen, sie diente im 2. Jahrhundert in Ägypten in einem römischen Heerlager. Waluburgs Name wurde in einer Inschrift auf einer Scherbe von der Nilinsel Elephantine entdeckt. Wie sie nach

Die Seherin
Veleda

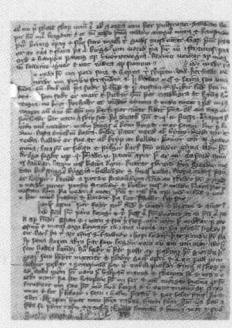

Manuskript der Saga von Erik dem Roten, 13. Jahrhundert

Schifffahrt

Ägypten kam, ist nicht bekannt, man vermutet, dass sie versklavt und schließlich deportiert wurde.

Und zum Schluss noch ein Ausflug in die altisländische Literatur: Hier nämlich, in der Erikssaga, einer der Isländersagas, gibt es **Þórbjörg lítilvölva**, *Thorbjörg die kleine Seherin*. Sie gehört zu einer kleinen Gruppe Wikinger, die im Grönland des 10. Jahrhunderts siedeln, und zieht mit ihren Weissagungen von Hof zu Hof.

germanischen Stämme in einem anderen Licht dastehen lässt: Nicht Eigentum des Mannes sind diese speziellen Frauen, sondern prophetisch begabte Seherinnen.

Sogar Namen überliefert er uns dieses Mal: Eine Veleda habe es zu Zeiten Vespasians gegeben, und eine Aurinia sei bekannt (Germania 8).

Man möchte es kaum für möglich halten, aber über die Schifffahrt erzählt Tacitus nichts. Und das, obwohl seine „Germania" nun wirklich eine der umfassendsten Quellen zu den frühen Germanen ist.

Dabei sind sie zur See gefahren, zumindest die Germanen Südskandinaviens und der Nord- und Ostseeküste des Kontinents und zumindest in küstennahen Gewässern.

Franken, Sachsen, Heruler – sie kamen vom Schwarzen Meer – und die Goten haben sich zwischendurch als Piraten einen, wenn auch eher unbedeutenden Namen gemacht.

Als die eigentlichen Seefahrer unter den Germanen aber gelten eben die Südskandinavier und die Friesen. Man

Das Nydam-Schiff ist über 23 m lang und 3 m breit. Es war für 18 bis 30 Ruderer gebaut. Museum Schloss Gottorf, Schleswig.

Der Runenstein von Rök/Südschweden trägt mit 750 Zeichen die längste Runeninschrift überhaupt. Hier finden sich auch etliche „Geheimrunen".

spricht sogar vom „skandinavischen Schiffbau", der sich bereits sehr früh abzeichne, nämlich am „Nydam Schiff", das Ende des 19. Jahrhunderts im Moor von Nydam/Schleswig-Holstein gefunden wurde.

Die Runen

Wenn wir nur wüssten, was dort genau geschrieben steht, auf dem großen Stein in der Vorhalle einer Kirche im schwedischen Sölvesborg!

Sechs Zeilen sind es, Runenschrift, auch das ist klar. Und die dritte Zeile lässt sich auch ganz eindeutig dechiffrieren:

„gab Haduwolf ein gutes Jahr"

Das ist ja schön. Aber wem gab Haduwolf ein gutes Jahr und in welcher Form? Einmal ganz davon abgesehen, dass niemand so genau weiß, wer Haduwolf überhaupt war. Aber angesichts von fünf mehr oder weniger unklaren Zeilen mit Runenschrift ist das vermutlich Nebensache.

Zu entschlüsseln sind die Runen schon. Nur sehr unterschiedlich:

„Den neuen Siedlern, den neuen Gästen gab Haduwolf ein gutes Jahr."

Demnach könnte Haduwolf ein Anführer gewesen sein, der Bauern bei sich aufnahm und sie auch ernähren konnte.

Genauso gut könnte dort aber auch stehen:

„Mit neun Böcken, mit neun Hengsten gab Haduwolf ein gutes Jahr."

Haduwolf hat also keineswegs Gäste bei sich aufgenommen, sondern Tiere geopfert.

Sicher ist dann wieder der Schluss der Inschrift: Tod und Verderben wird dort jedem beschieden, der Haduwolfs Denkmal, den Stein mit der Runeninschrift, zerstört.

Fünf Zeilen und so viel Unklarheit, und das, obwohl sich ein ganzer Forschungszweig, die „Runologie", an der Deutung der Schriftzeichen versucht. Denn Runen sind fies. Oder ihre Schreiber waren es. Zum einen bilden Runen nämlich ein eigenes Alphabet, jedes Schriftzeichen steht für einen Vokal oder einen Konsonanten. Zum anderen kann aber auch jede Rune gleich ein ganzes Wort bedeuten. Setzt man nun so eine Runenreihe zusammen, muss man erst einmal entschlüsseln, ob die Runen Buchstaben oder gleich ganze Wörter bezeichnen. Dazu kommt noch, dass man sie von rechts nach links oder von links nach rechts schreiben konnte. Und sogar von oben nach unten wurden sie bisweilen angeordnet.

Runen findet man aus der Zeit vom 2. bis zum 14. Jahrhundert, am verbreitetsten waren sie in Südskandinavien, bei den germanischen Stämmen Mitteleuropas wurden sie zwar auch verwendet; es gibt aber nur verhältnismäßig wenig Texte, und spätestens um das Jahr 700 n. Chr. werden sie hier völlig vom lateinischen Alphabet ersetzt. Nur in Skandinavien findet man noch Inschriften aus dem 15. Jahrhundert. Ohnehin waren die Runen nie eine „Gebrauchsschrift", zu einer Buch- oder Urkundenschrift sind sie nie geworden. Die Runen wurden in erster Linie für Inschriften auf Gedenksteinen, Gegenständen oder als Münzinschriften eingesetzt. Auch einzelne Ereignisse hat man in der Runenschrift festgehalten. Und die großen Runensteine sind auf Skandinavien beschränkt, in Mitteleuropa finden sie sich nicht. Auf Gebrauchsgegenständen wird häufig eine Art germanischer „Herstellernachweis" eingeritzt: „Dieses ... machte ...".

In Mitteleuropa wurden Runen hauptsächlich in Waffen oder Schmuck, etwa in Fibeln, geritzt. Das erste Mal tauchen sie hier im 3. Jahrhundert auf, im 7. Jahrhundert, mit der Christianisierung, verschwinden sie wieder.

Die Germanen waren eine im Wesentlichen schreibunkundige Gesellschaft, die Runenschrift war einigen Privilegierten vorbehalten. Insgesamt ca. 6500 Runeninschriften sind uns bisher bekannt, die meisten davon aus dem Skandinavien der Wikingerzeit.

Als ältestes Textdokument der Runen gilt derzeit der Name „Harja", ein Männername, der sich auf einem kleinen Kamm aus Vimose/Dänemark aus der Zeit zwischen 150 und 200 n. Chr. findet. Etwas jünger ist die auf einer eisernen Speerspitze eingeritzte Bezeichnung „raunijaR" (raun = versuchen) aus Øvre Stabu/Norwegen, sie stammt aus der Zeit um 200 n. Chr.

Die Runenreihen

Angeordnet sind die Runen in Reihen, ähnlich unserem Alphabet. Und ähnlich zu unserem „abc" werden sie auch bezeichnet, nach den ersten sechs Buchstaben als „Futhark".

Wer nun nachzählt, kommt allerdings auf sieben Buchstaben. Aber auf sieben lateinische Buchstaben. Denn das „th" ist nur eine Rune, ein þ, es spricht sich wie das englische „th". Damit hätten wir es also mit dem „Fuþark" und damit nur mit sechs Buchstaben zu tun. Im Isländischen hat das Þ/þ übrigens das lange Nebeneinander von lateinischem und Runenalphabet überdauert und gehört auch heute noch in die „normale" isländische Schrift.

Das ältere Fuþark besteht aus insgesamt 24 Runen. Ungefähr 350 Inschriften sind in dieser Schrift bisher gefunden worden.

Das ältere Fuþark

Jedes „Graphem", jeder Buchstabe, entspricht dabei zum einem auch einem „Phonem", einem Laut. Gleichzeitig kann der einzelne Buchstabe aber auch für ein ganzes Wort stehen, das mit ihm beginnt. So haben wir etwa „**f**ehu",f, für „Vieh", aber auch „Reichtum", „**ū**ruz", **ū**, für „Auerochse" oder „**þ**urisaz", þ, für „Riese". Und so weiter durch alle 24 Runen.

Als sich im Laufe der Zeit bis zum 7. Jahrhundert die Lautsysteme des Germa-

nischen änderten, Laute zusammenfielen und sich auch neue Vokale bildeten, funktionierte das ältere Fuþark nicht mehr. Ein neues, das sogenannte jüngere Fuþark entstand. In Skandinavien, wo die Runenschrift am längsten verwendet wurde, beschränkte es sich nun auf 16 Runen, was allerdings auch dazu führte, dass einzelne Runen mehrere Laute bezeichnen mussten.

Allein die Frage, ob eine Rune nun einen Laut oder gleich ein ganzes Wort bezeichnet, macht es schon schwierig, die Inschriften zu verstehen. Das System war aber bisweilen noch diffiziler. Denn es konnte von Zeile zu Zeile wechseln. So erklären sich die unterschiedlichen Deutungen einzelner Inschriften.

In Skandinavien blieben die Runen übrigens auch parallel zur lateinischen Schrift noch im Gebrauch.

 *Eine nordische Runenreihe des jüngeren Fuþark*

Runenmagie

Zu einer Schrift, die sich so schwierig entschlüsseln lässt, gehört auch ein ordentlicher Mythos. Und den liefert die germanische Mythologie, genauer ein Götterlied aus der Lieder-Edda, einer Sammlung altisländischer Götter- und Heldensagen aus dem 13. Jahrhundert:

Neun Tage lang hing der Göttervater Odin kopfüber in der Weltesche Yggdrasil. Er aß nicht und trank nicht, bis er endlich – die Runen erfunden hatte.

Was so mühsam erworben ist, muss auch Magie besitzen.

„Runen wirst du finden und Ratstäbe", heißt es in Odins *Runenlied*, „sehr

Odins Runenlied

Ich weiß, dass ich hing am windigen Baum
Neun lange Nächte,
Vom Speer verwundet,
dem Odin geweiht,
Mir selber ich selbst,
Am Ast des Baums,
dem man nicht ansehn kann,
Aus welcher Wurzel er sproß.

Sie boten mir
nicht Brot noch Met;
Da neigt' ich mich nieder
Auf Runen sinnend,
lernte sie seufzend:
Endlich fiel ich zur Erde.

(…)
Auszug aus der Lieder-Edda,
Havamal/Odins Runenlied

Deckblatt einer isländischen Abschrift der Snorra-Edda, 16. Jahrhundert

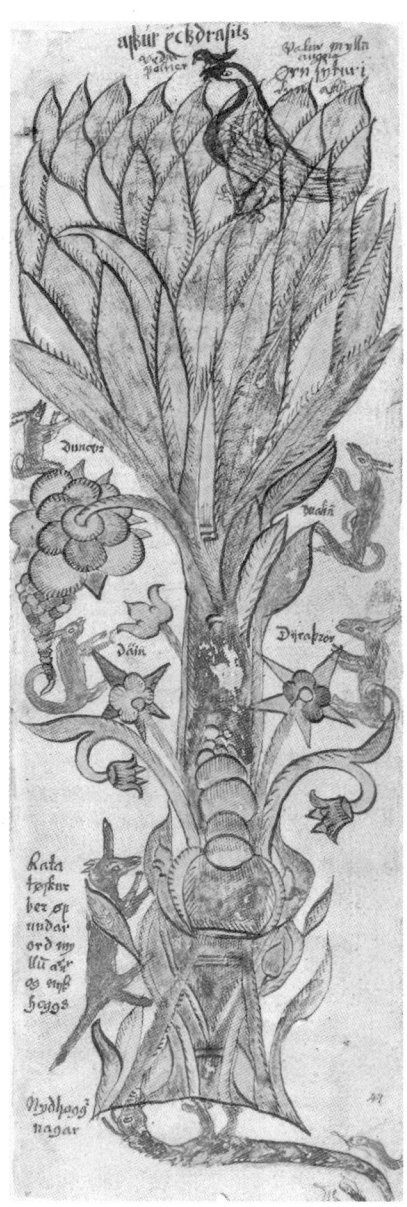

starke Stäbe / Sehr mächtige Stäbe/ (…)" Im Weiteren werden achtzehn Zaubersprüche genannt – ihr Wortlaut wird allerdings nicht an den Leser weitergereicht, Geheimwissen muss eben Geheimwissen bleiben. Stattdessen heißt es nur: „Lieder kenn ich, die kann die Königin nicht / Und keines Menschen Kind." Und diese Lieder haben magische Kräfte: „Hilfe verheißt mir eins, denn helfen mag es / In Streiten und Zwisten und in allen Sorgen. Ein anderes weiß ich, des alle bedürfen, / die heilkundig heißen." Und so geht es noch sechzehn Strophen lang weiter.

Aber die Runen können auch anders: dann nämlich, wenn sich eine Frau dem Werben eines Gottes widersetzen will. So etwa Gerda, die Tochter des Riesen, sie will partout nichts zu tun haben mit dem Gott Freyr. Daraufhin holt Götterbote Skirnir zunächst einmal zu einer Drohrede aus, die klar macht, dass Gott und Bote in diesem Punkt keinen Spaß verstehen. Und er schließt mit den Worten: „Ein Thurs schneid ich dir und drei Stäbe: / Ohnmacht, Unmut, Ungeduld." Der „Thursen" ist die Schaden bringende Rune Þ. Nachvollziehbar, dass sich

Hier nehmen die Runen ihren Anfang: die Weltesche Yggdrasil mit allen Tieren, die in und bei ihr leben. Isländische Handschrift aus dem 17. Jahrhundert

Gerda die Sache nun noch einmal anders überlegt …

Glaubt man den Liedern, können Runen schaden und helfen. Mit Inschriften auf Runen schützten sich die Germanen vor ihren Feinden und bannten ihre Toten. Auch kleine Medaillons fertigten sie und ritzten dort neben einem Bild des Gottes Odin magische Formeln ein: „Odin heiße ich, der Gefährliches Wissende, und gebe Glück".

Ideologische Verwendung

Wenn von den Runen die Rede ist, darf auch deren Missbrauch in der jüngeren Geschichte nicht unerwähnt bleiben: Als Inbegriff einer „germanischen" Schrift wurden die Schriftzeichen von den Nationalsozialisten ideologisch instrumentalisiert. Die sogenannte „Sig"-Rune (später zu „Siegrune" umbenannt) war als Abwandlung der „Sowilo"-Rune des älteren und des jüngeren Fuþark das Zeichen der Schutzstaffel (SS) und in einfacher Form des Deutschen Jungvolks und der Hitlerjugend. Ebenso wurde die „Othala"-Rune zur „Odal"-Rune abgewandelt. Es erklärt sich von selbst, dass in der Kultur der germanischen Völker nichts vergleichbar Ideologisches bereits vorgezeichnet war.

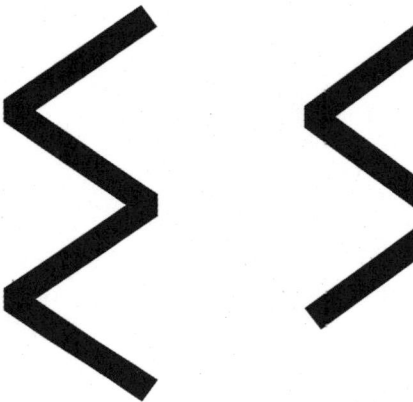

Die Sowilo-Rune des älteren Fuþark

Die Sowilo-Rune des jüngeren Fuþark

Die „Siegrune", das Emblem der SS im Dritten Reich

Religion

Woran glaubten die Germanen? Das ist wieder eine Frage, die sich nicht so einfach beantworten lässt. Zum einen weil wir, je nach Epoche, wenig darüber wissen. Zum anderen weil sich das einheitlich überhaupt nicht sagen lässt.

Fast jeder verbindet mit der Religion der Germanen ein paar Namen und Begriffe, sei es aus der Literatur oder sogar aus Wagners Opernzyklus über die Nibelungen: Wodan/Odin, Thor, Freiya, die Walküren …

Und es stimmt, all diese Namen sind mit dem germanischen Glauben „irgendwie" verbunden. Irgendwie. Bei aller mangelhaften Quellenlage wissen wir doch zumindest eines: Die germanische Religion war polytheistisch, das heißt, sie war ein „Vielgötterglaube". Wodan, Freya, Thor und Kollegen haben dort also ihren Platz. Es gibt die Nornen, die das Schicksal der Menschen weben, es gibt die Weltesche Yggdrasil und viele mehr. Aber: Das ist die Mythologie, es sind die Sagen, die uns überliefert sind. Und damit ist das eben in erster Linie Literatur, Fiktion.

Vieles zur germanischen, präziser: zur nordgermanischen Mythologie wissen wir aus der „Prosa"- oder auch

Snorri Sturluston (1179–1241) war nicht nur der Schöpfer der Snorra-Edda, sondern auch ein wichtiger Politiker. Statue von Gustav Vigeland in Reykholt/Island.

„Snorra-Edda" des isländischen Dichters Snorri Sturluson. Er schrieb im 12./13. Jahrhundert seine Edda als ein Lehrbuch für Skalden, die höfischen Dichter im Skandinavien des Mittelalters.

Snorri hält damit einen Sagenschatz für die Nachwelt fest, und Teile der von ihm geschilderten Götterwelt werden wohl auch auf der Religion der Germanen fußen. Das meiste aber ist Phantasie.

Halten wir uns also an das Wenige, was wir „wirklich" wissen:

Die Götter der Germanen

Was die Religion der Germanen betrifft, so kann man eine einheitliche Aussage kaum machen. An sich, so meint etwa der Wissenschaftler Rudolf Simek, könne man überhaupt nicht von „der" ger-

Gott Wodan/Odin, Wikingermuseum Foteviken in Skanör / Südschweden

manischen Religion sprechen, sondern nur von den Religionen im Plural. Viele der germanischen Stämme – darunter Goten, Langobarden, Vandalen oder Burgunder – sind ohnehin so schnell zum Christentum übergetreten, dass wir über die pagane, also die „heidnische" Religion, der sie vorher angehörten, so gut wie nichts wissen. Lediglich eine Art mythologischer Herkunft von einem Brüderpaar und eine Abstammung vom Gott Wodan/Odin als Ursprung einer königlichen Genealogie lassen sich festmachen.

Der älteste auf einer Runeninschrift genannte Gott ist Wodan. In Skandinavien nimmt darüber hinaus Thor – oder Donar, wie er bei den Kontinentalgermanen genannt wurde – als hammerschwingender Donnergott eine zentrale Rolle zumindest im Volksglauben und zumindest in der Wikingerzeit ein. Dafür sprechen die Abbildungen von Thorshämmern auf Grabsteinen sowie die Verbreitung von Thorsamuletten und Halsringe mit Hammeramuletten. Sein Name hat sich übrigens in unserem „Donnerstag" erhalten, auf Dänisch und Norwegisch heißt dieser Tag „Torsdag".

Eine weitere, dieses Mal weibliche Gottheit ist Nehalennia, die uns auf Weihesteinen des 2. bis 4. Jahrhunderts überliefert ist. Sie war vermutlich eine

Thor auf dem Runenstein von Altuna/Schweden, Detailabbildung

Göttin der Fruchtbarkeit, aber auch der Seefahrt. Auf Ersteres deutet die Abbildung mit einem Fruchtkorb, auf das Zweite die Tatsache, dass sie als Gallionsfigur am Bug von Schiffen abgebildet wird. Möglicherweise könne aber auch Hel, die germanische Totengöttin, gemeint sein. Übersetzen ließe sich der Name einerseits mit „die das Wasser

Die Göttin Nehalennia auf einem Weiherelief aus der Oosterschelde. Leiden, Rijksmuseum van Oudheden, Leihgabe im Zeeuws Museum Middelburg

verwandt mit dem der Mutter Thors, der Erdgöttin Hlóđyn.

Namensdurcheinander gibt es ja ohnehin schon genug in der nordischen Götterwelt, und um ein weiteres Element hinzuzufügen: Thors Mutter Hlóđyn ist uns auch bekannt unter den Namen *Jörd, Fjörgyn, Fold* und *Grund*. Sie findet sich möglicherweise sogar in unserer Märchenfigur der Frau Holle wieder. In der Mythologie, die ja mit dem raren Faktenwissen, das wir über die germanischen Götter haben, nicht identisch gesetzt werden darf, ist Hlóđyn übrigens nicht nur die Mutter des Thor, sondern auch die Geliebte Odins. Allerdings keineswegs seine einzige. Es stellt eine gewisse Herausforderung dar, im Liebesleben dieses Gottes den Überblick zu bewahren, aber geschätzte achtzehn Frauen dürften es sicher sein.

nahe hat", es könne aber auch „die im Nebel Verschwindende" sein.

Um eine ähnliche Göttin handelt es sich bei Hludana, ihr Name ist außerdem

Aus den Schriften des Tacitus wissen wir außerdem von den beiden Kriegsgöttinnen Baduhenna und Tamfana, die bei den Friesen verehrt wurden. Und

Und die Göttin Hludana, sofern sie mit Thors Mutter Hlóðyn identisch ist. Hier in einer Skulptur des isländischen Künstlers Ásmundur Sveinsson (1893–1982) aus dem Jahr 1936

schließlich berichtet er noch von einer mehr oder weniger geschlechtslosen Gottheit Nerthus, die auf einer „Insel im Ozean", vermutlich der Ostsee, verehrt worden sein soll. Wo diese Insel genau liegen soll, ist unklar, es könnte Alsen in Dänemark sein, Rügen oder auch gar keine Insel, sondern die norwegische Westküste. Und Nerthus könnte auch identisch sein mit dem nordgermanischen Schiffsgott Njörd/Nerður ...

Ab Mitte des 8. Jahrhunderts, also zu Beginn der „Karolingerzeit" in Kontinentaleuropa, werden nun zum ersten Mal tatsächlich in schriftlicher Form Götternamen genannt: in Zaubersprüchen und christlichen Abschwörungsformeln. Von Balder, dem Sohn des Odin und der Frigg/Frîja, von Wodan und von Fulla ist die Rede. Letztere ist in der nordgermanischen Mythologie Friggs Dienerin, in der südgermanischen heißt sie Volla und ist die Schwester Friggs, die hier ihrerseits Frîja heißt. Und wir bleiben bei den Süd-, also den Kontinentalgermanen, denn aus diesem Kreis der Mythologie erfahren wir Genaueres zu den Göttern, und zwar aus dem 2. „Merseburger Zauberspruch". Dem zweiten von insgesamt zwei übrigens, denn nur diese beiden sind, in althochdeutscher Sprache, in einer Handschrift aus dem 9./10. Jahrhundert überliefert. Beide nehmen Bezug auf Figuren und Themen der germanischen Mythologie, der erste der beiden Zaubersprüche gilt als Lösezauber, um die Fesseln eines Gefangenen zu lösen, der zweite als Heilungszauber eines erkrankten Pferdefußes.

Genau heißt es dort:

Phôl ende Wuodan fuorun zi holza.	Phol und Wodan begaben sich in den Wald.
dû wart demo balderes folon sîn fuoz birenkit.	Da wurde dem Fohlen des Herrn Balders sein Fuß verrenkt.
thû biguol en Sinthgunt, Sunna era swister;	Da besprach ihn Sinthgunt, die Schwester der Sunna.
thû biguol en Frîja, Folla era swister;	Da besprach ihn Frija, die Schwester der Volla.
thû biguol en Wuodan, sô hê wola conda:	Da besprach ihn Wodan, wie er es wohl konnte.
sôse bênrenki, sôse bluotrenki, sôse lidirenki:	So Beinrenkung, so Blutrenkung, so Gliedrenkung:
bên zi bêna, bluot zi bluoda, lid zi geliden, sôse gelîmida sîn.	Bein zu Bein, Blut zu Blut, Glied zu Glied, wie wenn sie geleimt wären [6]

Und in einer altsächsischen Abschwörungsformel ist von Wodan, Donar und Saxnôt die Rede, einem Gott, über den abgesehen vom Namen überhaupt nichts bekannt ist. Gerade aus der Nennung solcher Gottheiten zieht die Wissenschaft den Schluss, dass es sowohl überregionale Götter wie eben Wodan oder Donar gab, dass daneben aber auch zahlreiche regionale Gottheiten verehrt wurden.

Opferkult

Als gesichert gilt, dass alle germanischen Stämme einen Opferkult und Opferriten kannten. Diese Riten beschränkten sich in der vorrömischen Eisenzeit auf „Feuchträume". Anders ausgedrückt: Die Germanen der Frühzeit haben in Seen, Mooren und bei Quellen ihre Opfer gebracht, meist handelte es sich dabei um Nahrungsmittel oder um Keramikgefäße mit Butter oder anderen Fetten. Später, bis in die Völkerwanderungszeit, wurden auch Wertgegenstände wie Schmuck oder Waffen geopfert. Ob diese Opferungen auf bestimmte Festtage beschränkt waren, wissen wir nicht,

man vermutet aber, dass es solche festgelegten Termine nicht gab.

Etwas weniger harmlos gestaltete sich der Opferbrauch ab der römischen Eisenzeit bis in die Zeit der Völkerwanderung, also zwischen dem 1. und dem 5. Jahrhundert n. Chr. In dieser Zeit nämlich wurden auch Menschen und Tiere geopfert, jetzt vermutlich auch zu bestimmten Anlässen.

Eine Besonderheit aus dem südlichen Skandinavien dieser Zeit sind die sogenannten Waffenbeuteopfer: Statt die Waffen der besiegten Armee dem eigenen Besitz einzuverleiben, wurden sie den Göttern geopfert. Versenkt in Mooren und Seen. Das heißt, nur deren Reste. Denn zuerst wurde alles, Waffen, Zaumzeug, Schilde und so weiter, unschädlich gemacht und anschließend zur Sicherheit auch noch verbrannt. Was dann noch übrig blieb, wurde schließlich sortiert und landete im Wasser. So war es offenbar zuvor mit den Göttern vereinbart worden: Waffenopfer gegen Sieg. Nur was mit den Menschen der besiegten Armee geschah, weiß heute niemand mehr. Die Möglichkeiten sind allerdings alle gleichermaßen wenig verlockend: Sie wurden in die Sklaverei verkauft, hingerichtet oder, wie aus wikingerzeitlichen Quellen durchaus belegt, an Bäumen erhängt.

6 2. MERSEBURGER ZAUBERSPRÜCHE, ZUR TRANSKRIPTION S. WIKIPEDIA

Brakteate und Goldgubber

Ab dem 5./6. Jahrhundert änderte sich auch dieser Opferbrauch allerdings wieder: Waffenbeuteopfer wurden selten, auch Seen und Moore waren als Ort des Opfers weniger begehrt als bisher. Anstelle der Opferungen entwickelte sich eine andere Form der Götterverehrung: Man prägte Runenzeichen in sogenannte Brakteate, das sind kleine, einseitig bedruckte Goldmünzen, die ihren Ursprung in den Imitaten römischer Kaisermedaillons hatten. Vermutlich hatten diese Brakteate die Funktion von Schutzamuletten.

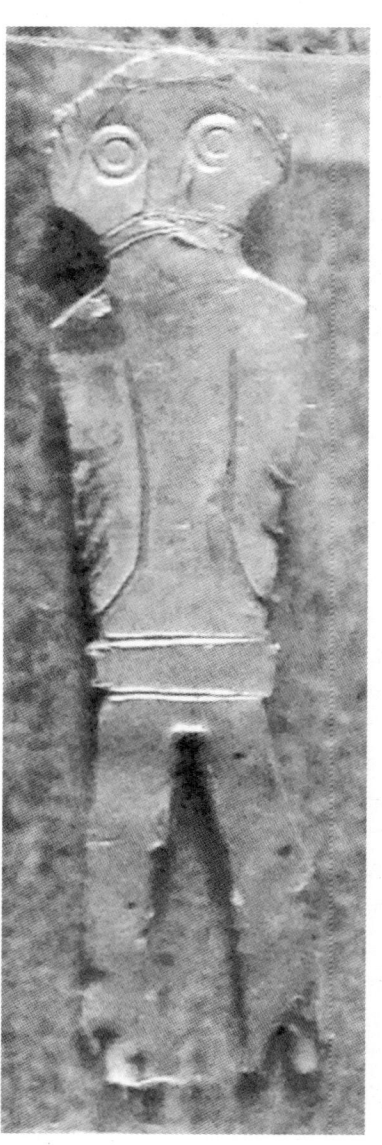

Ein dänischer Brakteat mit Runen

Goldgubbe aus Uppåkra in Schonen/Schweden

Im 6. und 7. Jahrhundert werden die Brakteate dann wiederum von anderen Bildern abgelöst. Sie sind in der Forschung unter dem dänischen Begriff „Goldgubber" (Einzahl: Goldgubbe) bekannt. Es handelt sich um kleine Goldbildchen mit winzigen Darstellungen einzelner Menschen, Paare oder auch Tiere. Götterbilder sollen es anscheinend nicht sein, am ehesten vermutet man, dass es sich um die Abbildung von Herr-

schern handeln könnte. So genau weiß man das aber nicht.

Und es geht weiter mit den Unklarheiten: Denn auch über den Verwendungszweck der Goldgubber ist man sich keineswegs einig: Es seien Opfergaben gewesen, meinen die einen, Bezahlungsmittel in rituellem Zusammenhang – was auch immer das konkret heißen mag –, meinen die anderen. Die meisten Bildchen findet man in Skandinavien, von

Ein rekonstruiertes Langhaus im Wikingermuseum Borg, auf der Insel Vestvågøy, Lofoten/Norwegen

der dänischen Insel Bornholm bis ins nördliche Norwegen, und zwar in den Herrschaftszentren. Der Wissenschaftler Rudolf Simek kann die Fundstellen sogar noch weiter eingrenzen: Man fände die Goldgubber nämlich von wenigen Ausnahmen abgesehen dort, wo die nördlichen Tragepfeiler großer, fürstlicher Hallen zu finden sind. „Groß" meint in dem Zusammenhang eine Länge von bis zu 74 Metern. Die größte dieser Hallen findet sich in Borg auf *Vestvågøy*, einer Insel der Lofoten in Norwegen.

Und die genaue Funktion? Auch darüber lassen sich nur sehr ungenaue Vermutungen aufstellen. Deutlich scheinen die „sprechenden Gesten" auf den Goldbildchen zu sein, die an mittelalterliche Rechtsgesten erinnern und, so Simek, „wohl bestimmte Formen dynastischer Verbindungen – Ehen, Verträge, Erbfolgen? – unter irdischen Fürsten, vielleicht aber auch unter ihren (vergöttlichten?) Ahnen dokumentieren und perpetuieren sollten." [7]

Viele Vermutungen also und deutlich mehr Fragezeichen als Antworten. Wir werden uns, bis die Forschung weitere Ergebnisse zutage befördert, mit ihnen zufrieden geben müssen.

---

7 SIMEK, DIE GERMANEN, S. 219

Die Christianisierung

Der gesamte Prozess der Christianisierung zog sich über gut ein Jahrtausend hin, selbst wenn einzelne Stämme relativ schnell zum Christentum übertraten. Die Goten etwa kamen bereits im 3. Jahrhundert n. Chr. mit der christlichen Religion in Kontakt, in einigen abgelegenen Gebieten Skandinaviens dagegen dauerte es bis zum 12. und 13. Jahrhundert. Hier ein paar weitere Jahreszahlen:

- Im 4. Jahrhundert wurden die Westgoten christianisiert.
- Im 5. Jahrhundert die Vandalen, Rugier und Langobarden
- Im 6. Jahrhundert die Angelsachsen und Franken
- Im 7. Jahrhundert die Alamannen und Bajuwaren
- Im 8. Jahrhundert die Friesen und Sachsen

Ab dem 9. Jahrhundert war nur noch Skandinavien nominell heidnisch, „nominell" deshalb, weil man davon ausgehen kann, dass durch die Reisen und auch die Handelsbeziehungen der Wikinger das Christentum zumindest schon bekannt war. Man spricht hier vom „Synkretismus", einer Glaubensmischung. Das heißt, die pagane Religion der Germanen und das Christentum haben sich miteinander verbunden und

Thor und die Midgardschlange

Sie lebt im Ur-Ozean und sie ist absolut kein sympathisches Geschöpf der germanischen Mythologie: die weltumspannende Midgardschlange (altnordisch Miðgarðsormr oder auch *Jörmungandr/Jörmungandr*). Gemeinsam mit Hel, der Göttin der Unterwelt, und dem riesigen Fenriswolf bildet sie die drei Feinde der Menschheit. Gezeugt wurden alle drei vom Gott Loki gemeinsam mit der Riesin Angrboða.

Drei Mal begegnet Thor der Midgardschlange, zweimal mit eher mäßigem Erfolg, beim dritten Mal geht es richtig schief: Seine erste Begegnung mit der freundlichen

Seeschlange hat Thor, als er gemeinsam mit dem Riesen Hymir fischt. Dabei beißt ausgerechnet die Midgardschlange an, Thor versucht, sie mit seinem Hammer zu erschlagen, aber Hymir kappt vor lauter Schreck die Leine – und die Schlange entkommt.

Beim zweiten Mal soll er, als Kraftprobe sozusagen, die Schlange, die dieses Mal die Gestalt einer riesigen Katze hat, anheben. Das gelingt ihm immerhin so weit, dass ein Bein der Katze/Schlange den Erdboden nicht mehr berührt.

Und ein drittes Mal treffen sich Thor und die Schlange beim Ragnarök, dem großen Weltuntergangsszenario der germanischen Mythologie. Und dieses Mal verzeichnet Thor sogar einen Sieg. Nur nützt ihm der nicht mehr viel. Die

In der germanischen Mythologie ging es bisweilen alles andere als freundlich zu. Hier ein paar der Figuren, denen man nie begegnen möchte:
So, in Stein gehauen, wirkt sie sogar recht harmlos: die Midgardschlange bei Thors Fischfang auf einem als Gosforth-Kreuz bekannten Grabstein.

Das Ragnarök kurz vor dem Ende der Welt, Zeichnung von Emil Doepler, ca.

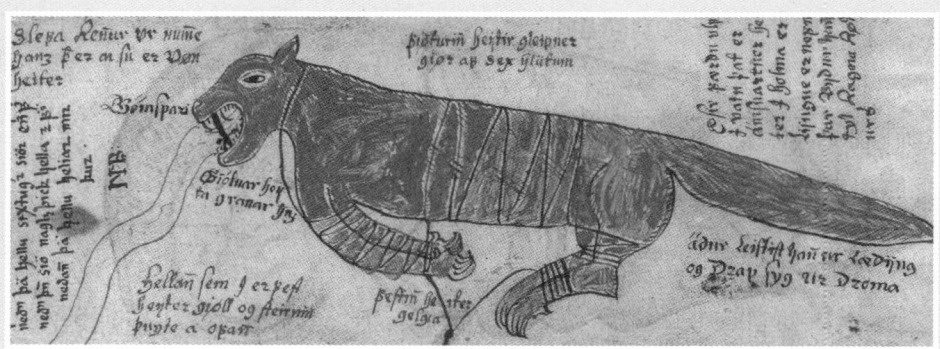

Der Fenriswolf in einer isländischen Illustration aus dem 17. Jahrhundert

Schlange hat nun nämlich den Ozean verlassen und will mit ihrem Atem den Himmel vergiften. Thor erschlägt sie. Aber er kommt nur noch neun Schritte weit, dann stirbt er an ihrem Gift.

Diese letzte Niederlage kann man dem Gott allerdings kaum als Schwäche anlasten. Denn beim Weltenende erhebt sich ganz einfach alles, was auch nur einen Funken Destruktivität in sich trägt, um Welt und Götter zu vernich-

ten: Die Schlange versprüht ihr Gift, der Fenriswolf und der Feuerriese Surt spucken Feuer, assistiert werden sie von der Göttin Hel und allen anderen unsympathischen Figuren, die der Germanenmythos so zu bieten hat.

Aus der Zerstörung erhebt sich schließlich eine neue Welt.

In der „Hauksbók", einer altisländischen Sammlung u. a. mit Sagen der nordischen Mythologie, heißt es nach der Zerstörung der Welt einigermaßen versöhnlich über den Gott Odin:

Da kommt der Mächtige
zu seiner ordnenden Herrschaft
kraftvoll von oben,
er, der alles steuert.

Hel umgeben von ihren Geschwistern, der Midgardschlange und Fenrir. Die Figur im Hintergrund ist ihre Mutter Angrboda. (Emil Doepler, 1905)

ergänzt. Ursprünglich heidnische Motive und Riten wurden mit der Zeit christlich umgebildet, aber auch in umgekehrter Richtung fand diese Entwicklung statt.

Ein Beispiel für diese „Überlagerung" der Motive ist die Geschichte von der Midgardschlange: So wie Thor, allerdings vergeblich, versucht, die Schlange zu fangen, so besiegt Christus den Teufel mit einem Drachen als Köder. Die Schlange, auch im nordgermanischen Mythos bereits kein ausgesprochen freundliches Wesen, wird im Christentum durch den Drachen ersetzt. Allerdings siegt in der christlichen Version, anders als bei den Germanen, Gott über die Bedrohung.

Und auch im – zu dieser Zeit längst christianisierten – Süddeutschland findet sich im Volksglauben des 12. und 14. Jahrhunderts noch die Vorstellung von einer Schlange, deren Bewegungen für Erdbeben verantwortlich gemacht wer-

Auf diese Idee muss man erst einmal kommen: Der Beginn des Ragnarök und …

… Odins Tod auf Briefmarken der Färöer-Inseln aus dem Jahr 2003

den. Man sieht, dass sich Überreste des germanischen Mythos halten und ins Christentum „hinüberretten" konnten.

Und wie muss man sich die „Bekehrung" der Germanen zum Christentum vorstellen? Zum Teil erstaunlich unblutig. Denn überall dort, wo die Herrscher, häufig aus machtpolitischem Kalkül, zum Christentum übertraten und sich taufen ließen, folgte ihnen auch das Volk. Dort aber, wo die Missionare ausschließlich auf ihre Missionspredigt angewiesen waren oder wo man das Christentum als reines Machtmittel von außen empfand – etwa, in unterschiedlicher Ausprägung, bei den Friesen, Sachsen, Norwegern und Schweden –, ging die Bekehrung zum einen nicht sehr schnell vonstatten und zum anderen auch keineswegs sonderlich friedfertig. Man spricht hier von der „Schwertmission".

Einen Sonderfall stellt schließlich Island da. Hier beschloss der Althing im Jahr 1000 schlicht, dass von nun an das Christentum die einzige offizielle Religion sei. Einen Herrscher gab es auf Island nicht; was auf dem Althing beschlossen wurde, galt ganz einfach, nur so konnte das Gemeinwesen funktionieren.

Aber Glaube lässt sich nicht befehlen. Und so dauerte der vollständige Übergang der paganen zu einer christlichen

Der gotische Bischof und seine Bibel

Gesellschaft bei allen germanischen Stämmen mehrere Generationen.

Viel wissen wir nicht über den gotischen Bischof Wulfila: Er lebte von 311 bis 383 n. Chr. und gilt als einer der ersten, eventuell sogar als der erste Bischof der Westgoten. Seine christlichen Vorfahren aus Kappadokien waren von Goten im 3. Jahrhundert verschleppt worden, er selbst war entweder Gote oder Halbgote. Spätestens im Jahr 341 wurde Wulfila in Antiochia zum „Bischof der Christen im gotischen Land" geweiht. Bis 348 war er missionierend im damaligen Herrschaftsbereich der Westgoten an der unteren Donau tätig. Der einsetzende Widerstand gegen die christlichen Missionierungsversuche vertrieb Wulfila und andere Christen aber zu den Römern, die ihnen im heutigen Nordbulgarien Siedlungsraum gaben. Hier schuf der Bischof seine Übersetzung der Bibel ins Gotische. Und musste dafür erst einmal eine Schrift erfinden. Denn die Goten hatten bisher lediglich in Runen geschrieben,

und die waren für die Abfassung umfangreicher Texte offenbar schlicht ungeeignet.

Die „Gotenbibel" – auch „Wulfilabibel" genannt – basiert auf dem griechischen Alphabet. Wo das phonetisch nicht ausreichte, ergänzte Wulfila seinen Text mit lateinischen Buchstaben und mit Runen.

Überliefert sind uns aus der „Gotenbibel" heute nur Bruchstücke in mehreren Handschriften. Da es insgesamt nur wenig gotische Schriftstücke gibt,

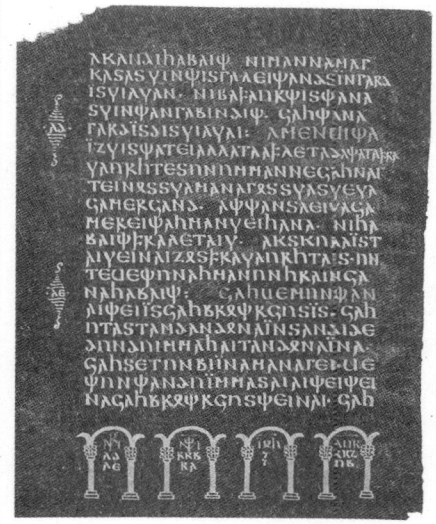

Ausschnitt aus dem Codex Argenteus, einer Abschrift der Wulfilabibel

sind diese Fragmente schon rein sprachgeschichtlich von großer Bedeutung.

Und so klingt es, wenn man christliche Texte wie etwa hier das Vaterunser „auf Gotisch" liest (Matth. 6, 9–13). Das þ wird, wie bei den Runen und im heutigen Isländisch auch hier wie das englische th gesprochen:

atta unsar þu ïn himinam
weihnai namo þein
qimai þiudinassus þeins
wairþai wilja þeins
swe ïn himina jah ana airþai
hlaif unsarana þana sinteinan gif
uns himma daga
jah aflet uns þatei skulans sijaima
swaswe jah weis afletam þaim
skulam unsaraim
jah ni briggais uns ïn fraistubnjai
ak lausei uns af þamma ubilin
unte þeina ïst þiudangardi
jah mahts jah wulþus ïn aiwins
amen [8]

---

8 AUSZUG AUS DEM CODEX ARGENTEUS, BLÄTTER 4 VERSO UND 5 RECTO, UNIVERSITÄTSBIBLIOTHEK UPPSALA. DIE TRANSKRIPTION WURDE AUS DER WIKIPEDIA ÜBERNOMMEN.

Die Germanen in der Geschichte

Die Geschichte der germanischen Stämme ist eine der Flüchtlingswellen und Wanderbewegungen einerseits und kriegerischer Auseinandersetzungen andererseits. Vor allem aber ist es nicht die „eine" Geschichte, sondern es sind viele. Sie alle nachzuzeichnen ist nahezu unmöglich. Deshalb möchte ich in diesem Buch einige wenige Abschnitte aus der Geschichte der germanischen Stämme herausheben, vieles aber wird unerwähnt bleiben müssen. Für einen – wenigstens kursorischen – Gesamtüberblick folgt nun eine kurze Zeittafel mit den wichtigsten Ereignissen:

Zeittafel

Ab **ca. 600 v. Chr.** entwickelt sich zwischen Weser und Ostsee die sogenannte **Jastorf-Kultur**, die „Keimzelle" der späteren germanischen Stämme. Die Menschen beginnen, kleine Geräte aus Eisen zu schmieden. Das Material verdrängt allmählich die weichere Bronze. Die Menschen leben verstreut auf Bauernhöfen oder in kleinen Dörfern.

120 v. Chr.: Der Zug der Kimbern und Teutonen. Die Kimbern, Teutonen, Ambronen und weitere Stämme verlassen ihre Heimat Jütland und suchen neue Siedlungsgebiete in der Nähe zu römischen Herrschaftsbereichen. Nach einem anfänglichen Sieg über die Römer vernichten diese in der Schlacht bei Aquae Sextiae (Aix-en-Provence) und in der Po-Ebene schließlich die germanischen Heere.

Um 72 v. Chr. überschreiten größere Gruppen von Germanen (Sueben) den Rhein und lassen sich im Elsass nieder. Ihr Anführer ist der König Ariovist.

51 v. Chr. wird Gallien endgültig römisch. Der Rhein ist nun die Grenze zwischen dem römischen Imperium und dem unbesetzten Germanien.

Um **50 v. Chr.** gibt Gaius Julius **Caesar** den Völkern rechts des Rheins den Namen „Germanen".

5 n. Chr.: Der **Markomannenkönig Marbod** ist auf dem Höhepunkt seiner Macht, sein Herrschaftsbereich reicht von Böhmen und Mähren bis an die Ostsee. Er hat eine Streitmacht von 70.000 Fuß- und 4000 Reitersoldaten.

7. n. Chr. wird der Politiker **Publius Quinctilius Varus** Oberbefehlshaber der Truppen in Germanien. Er führt römische Verwaltungsstrukturen ein, vermutlich betrachten die Römer das Gebiet nun als Teil des Imperiums.

9. n. Chr. wird die Expansion unterbrochen. Am saltus Teuteburgiensis gerät Varus mit drei Legionen in einen Hinterhalt germanischer Krieger, die der Cherusker **Arminius** anführt. Ein Großteil der Römer stirbt in der Schlacht („**Varusschlacht**"), Varus stürzt sich in sein Schwert. Die Germanen überrennen römische Lager zwischen Weser und Rhein.

13. n. Chr. übernimmt Nero Claudius Germanicus das Oberkommando der römischen Truppen am Rhein. Im Jahr 15 startet er einen Angriffskrieg im Barbarenland. Da die Römer in diesen Schlachten oft Verluste erleiden, zieht Kaiser Tiberius im Jahr 16 alle Legionen aus Germanien ab.

Nach dem Abzug der Römer im Jahr **17 n. Chr.** treffen die beiden rivalisierenden Herrscher Marbod und Arminius in einer Schlacht aufeinander. Marbods Heer wird geschwächt, er selber wird gestürzt, drei Jahre später wird Arminius von Verwandten ermordet.

50 n. Chr. gründen die Römer die Stadt Colonia Claudia Ara Agrippinensium (Köln). Zu den Bewohnern gehören auch romanisierte Germanen.

70 n. Chr. nehmen die Römer ihre Expansion im südlichen Teil des freien Germaniens wieder auf. Ihre Legionäre besetzen das Gebiet zwischen Rhein und Donau. Wenige Jahre später unternimmt Kaiser Domitian Feldzüge gegen einen der größten Germanenstämme, die Chatten.

Um **85 n. Chr.** gründet Kaiser Domitian zusätzlich zu der bereits bestehenden Provinz Raetia (Teile der heutigen Schweiz, Österreichs, Süddeutschlands und Norditaliens) die Provinzen Germania Inferior (Teile der heutigen Niederlande, Deutschlands und Belgiens) und Germania Superior (Schweiz, Ostfrankreich, Südwesten Deutschlands). Die Beziehungen zwischen Römern und Germanen bleiben in den kommenden 80 Jahren größtenteils friedlich.

98 n. Chr. veröffentlicht der römische Historiker **Publius Cornelius Tacitus** seine Schrift „De origine et situ Germanorum liber" (kurz: Germania). Das Werk ist die wichtigste schriftliche Quelle zu den Germanen dieser Zeit.

Um **100 n. Chr.** beginnen die Römer mit der Errichtung des **Obergermanisch-Rätischen Limes.** Sie wollen damit den Warenzustrom kontrollieren und die Provinzen vor Raubüberfäl-

Römische Soldaten kämpfen während der Markomannenkriege gegen Germanen. Grabstein aus Brigetio, ca. 173 n. Chr.

ritzt ein Krieger seinen Namen in einem Kamm.

166 n. Chr. verwüsten germanische Scharen um die Markomannen die Donauprovinzen und ziehen bis nach Oberitalien (**„Markomannenkriege"**). Auch Chauken und Chatten verheeren Teile des römischen Imperiums. Erst 180 n. Chr. gelingt es Kaiser **Mark Aurel**, die Germanen vollständig zu besiegen. Die „Mark-Aurel-Säule" in Rom, auf der er die Kriegsereignisse als steinerne Reliefs festhalten lässt, ist eines der wichtigsten Bildzeugnisse über die Germanen dieser Zeit.

Um 200 n. Chr. dringen die Goten in die Ebene nördlich des Schwarzen Meeres vor.

len schützen. Die Stadt Colonia Ulpia Traiana (Xanten) wird gegründet. Hier, wie in vielen anderen Städten links des Rheins, blüht die römische Zivilisation mit Tempeln, Thermen, Theatern. Sie bildet einen deutlichen Kontrast zum armen Leben im freien Germanien.

Um **160 n.** Chr. entsteht die älteste erhaltene **Runeninschrift**. Vermutlich

233 n. Chr. fallen germanische Scharen in die römischen Provinzen Raetia und Germania Superior ein. Sie können zunächst zurückgedrängt werden, überfallen aber von nun an immer wieder das Reichsgebiet.

238 erobern die Goten die Stadt Histria am Schwarzen Meer. Es beginnt

Eine Szene aus den Markomannenkriegen: Mark Aurel begnadigt Germanenhäuptlinge.

eine Jahrzehnte dauernde Phase von Invasionen und Beutezügen germanischer Stämme im südöstlichen Europa, im Karpatenbecken (Vandalen), in Rumänien (Gepiden), in Griechenland und Kleinasien (Heruler). Die Goten verwüsten die Balkanprovinzen und schlagen 251 ein großes römisches Heer. Erst mit dem Sieg Kaiser Aurelians über die Goten im Jahr 271 kehrt in der Region wieder Frieden ein.

259 n. Chr. durchbrechen zahlreiche germanische Stämme den Limes und fallen in die römischen Provinzen ein. Die Römer geben schließlich die durch den Limes markierte Linie auf und ziehen sich hinter Rhein und Donau zurück.

Die Schwertscheide von Gutenstein aus einem alamannischen Kriegergrab

Um das Jahr 270 n. Chr. lässt Kaiser Aurelian die Stadt Rom mit einer Mauer umgeben und gesteht damit ein, dass selbst das Reichszentrum vor den „Barbaren" nicht mehr sicher ist.

Mit einer umfassenden Verwaltungsreform stabilisiert Kaiser Diokletian das Römische Reich. Bis zur Mitte des folgenden Jahrhunderts leben Römer und Germanen größtenteils in Frieden nebeneinander. Viele Germanen gehen freiwillig ins Imperium, weil ihnen dort die Aussicht auf Karriere geboten wird.

289 n. Chr. werden zum ersten Mal die Alamannen erwähnt. Es handelt sich bei ihnen um eine größere Zahl kleiner Stämme, die in dem Limesgebiet nördlich der Donau und östlich des Rheins leben, das die Römer mehr oder weniger freiwillig geräumt hatten.

Um 290 ist zum ersten Mal von zwei verschiedenen gotischen Völkern die Rede. Jene Goten, die allmählich in das von den Römern verlassene Territorium nördlich der unteren Donau eindrangen, heißen nun „Terwingen" oder später „Westgoten". Diejenigen Germanen, die im ursprünglichen gotischen Siedlungsgebiet am Schwarzen Meer geblieben sind, heißen „Greutungen" oder später „Ostgoten". Die Terwingen/Westgoten werden 332 n.Chr. Vertragspartner Roms

und leben bis 375 in friedlicher Nachbarschaft zum römischen Imperium.

Ca. 350 n. Chr. übersetzt der gotische Bischof **Wulfila**, ein Nachfahre verschleppter Christen, als Erster die Bibel ins Gotische („Wulfilabibel").

356 werden zum ersten Mal in einer römischen Quelle die Sachsen erwähnt. Zu diesem Volk haben sich vermutlich Angrivarier, Chauken und Cherusker zusammengeschlossen. Sächsische Piraten überfallen von Norddeutschland aus die Küsten Belgiens, Britanniens und Galliens.

357 n. Chr. besetzen Alamannen römische Städte (u. a. Speyer, Mainz und Koblenz), werden aber im Herbst bei Straßburg geschlagen und aus dem Imperium vertrieben.

375 n. Chr. wird das Ostgotenreich von den Hunnen unterworfen. **Die Zeit der Völkerwanderung beginnt.** Die Reiternomaden aus Zentralasien fallen zunächst in Osteuropa ein und rücken dann nach Westen vor. Etliche Völker fliehen vor ihnen.

Auf der Flucht vor den Hunnen bitten im Jahr **376** große Teile der Westgoten, aber auch ostgotische Verbände um Aufnahme ins römische Reich. Sie erhalten zwar die Erlaubnis, ihre Ansiedlung findet aber unter so schlechten Bedingungen statt, dass sich die Goten schließlich

Rekonstruierter Holzwachturm am rätischen Limes

gegen die Römer erheben. Sie ziehen nun plündernd durch die Provinzen des Balkans.

Im Jahr 378 vernichten die Goten in der Schlacht bei Adrianopel ein römisches Heer, Kaiser Theodosius I.

sieht sich daraufhin gezwungen, den Westgoten Siedlungsgebiete im Reich zu übertragen und ihnen weitgehende Autonomie zuzugestehen.

Im Jahr **406** setzen Vandalen, Sueben und andere germanische Stämme bei Mainz über den Rhein. Sie ziehen plündernd durch Gallien und Spanien.

410 n. Chr. nehmen unter König **Alarich I.** die Westgoten, die sechzehn Jahre zuvor von den Hunnen aus ihrer Heimat vertrieben wurden und seither durch das südliche Europa ziehen, Rom ein. Zum ersten Mal seit 800 Jahren wird damit das Zentrum des Imperiums erobert.

418 n. Chr. lassen sich die Westgoten als Vertragspartner Westroms im Gebiet des heutigen Südfrankreich nieder. Sie gründen das Königreich von Tolosa (Toulouse).

429 überqueren 80.000 Vandalen die Straße von Gibraltar und setzen sich in Nordafrika fest. **435** überlässt Westrom dem **Vandalenkönig Geiserich** einen Teil der eroberten Gebiete und erkennt bald darauf auch dessen Königtum an.

Um **450** wandern Sachsen aus Norddeutschland und Angeln aus Jütland nach Britannien aus. Sie verbreiten die germanische Sprache auf der Insel und legen damit auch den Grundstein des späteren Englischen.

In der Schlacht auf den Katalaunischen Feldern **451 n. Chr.** im Norden Galliens besiegen die Burgunder, Westgoten und Franken die **Hunnen unter König Attila,** die sich ihrerseits mit den Ostgoten und den Gepiden verbündet hatten. Dieser Sieg der römischen Koalition stoppt den Vormarsch der Hunnen in Europa. **453** stirbt König Attila, kurz darauf zerfällt sein Großreich.

455 setzen die Vandalen von Nordafrika nach Italien über und plündern Rom systematisch aus.

476 setzt **Odoaker**, ein Mitglied der kaiserlichen Leibgarde germanischer Abstammung den damals erst 16jährigen Kaiser Romulus Augustus ab und besiegelt damit das Ende des Weströmischen Reiches. Odoaker unterstellt sich dem oströmischen Kaiser, regiert aber unabhängig als König von Italien.

482 wird **Chlodwig I.** aus dem Geschlecht der **Merowinger** König eines Teilstamms der Franken und vereint sie in den kommenden Jahren unter seiner Herrschaft. Er erobert große Teile Galliens, besiegt die Westgoten und formt damit ein Reich, das die Wirren der Völkerwanderung Jahrhunderte überdauert. Um das **Jahr 500** tritt er offiziell zum Christentum über.

493 ermordet der **Anführer der Ostgoten, Theoderich**, König Odoaker und ernennt sich zum Alleinherrscher von Italien. Er dürfte bei den Italienern sehr beliebt gewesen sein.

Im Jahr **511** teilen nach Chlodwigs Tod dessen vier Söhne das Frankenreich unter sich auf.

532 unterwerfen die Franken das Thüringerreich an der Unstrut und erobern das Reich der Burgunden an der Rhone.

534 wird das Reich der Vandalen in Nordafrika von Ostrom vernichtet.

552 schlagen oströmische Truppen bei Neapel den Widerstand der Ostgoten nieder,

Das Reich Odoakers um das Jahr 480 n. Chr.

Der Krieg zwischen Chlodwig und den Westgoten

deren König fällt. Mit seinem Tod endet die Existenz dieses Volkes.

568 ziehen rund 100.000 Langobarden unter **König Alboin** in Begleitung anderer germanischer Stämme aus dem Karpatenbecken nach Italien. Sie erobern von Ostrom etwa die Hälfte der Apennin-Halbinsel und begründen ein Reich mit Pavia als Hauptsitz. Wirtschaft und Kultur erleben hier eine Blütezeit.

Dieser letzte Zug eines germanischen Volkes durch ehemals römisches Territorium setzt den Endpunkt unter die Zeit der Völkerwanderung.

711 unterliegt das Reich der Westgoten auf der iberischen Halbinsel den arabischen Invasoren. Der letzte Westgotenkönig **Roderich** fällt im Kampf.

751 wird der Karolinger **Pippin der Jüngere** König des Frankenreiches, der letzte Merowinger wird damit abgesetzt.

768 wird der Sohn Pippins, **Karl (der Große)** König der Franken.

774 erobert Karl der Große Pavia, er lässt sich zum König der Langobarden krönen und verleibt deren Gebiet seinem eigenen ein.

785 unterwirft sich der Sachsenherzog **Widukind** Karl dem Großen und lässt sich taufen. Bis ins Jahr 804 setzen sich in seiner Heimat die Unruhen fort, erst dann ist die Christianisierung des letzten germanischen Stammes in Mitteleuropa abgeschlossen.

793 überfallen Krieger aus dem Norden das Kloster Lindesfarne an der englischen Ostküste. Die **Zeit der Wikinger** beginnt. Die Expeditionen und Raubzüge der nach wie vor germanischen Dänen, Schweden und Norweger führen bis an die Ostküste Amerikas, nach Nowgorod und Kiew sowie bis ans Mittelmeer.

Im Laufe der kommenden Jahrhunderte treten nach und nach die Menschen aus Skandinavien zum Christentum über, im **12. Jahrhundert** dürfte auch die Christianisierung Skandinaviens abgeschlossen sein. Das Zeitalter der Germanen ist damit auch hier beendet.

Kimbern und Teutonen – Flucht und Angriff

Gehört hatten die Römer schon ab und zu von den Germanen. Auch wenn sie sie noch nicht als solche bezeichnet haben. Es war ein unzivilisiertes Volk irgendwo im Norden, über das es Gerüchte gab, aber keine gesicherten Berichte: Wilde hausten dort, die schon am Morgen Unmengen Fleisch essen würden – was sie übrigens nicht taten –, die sich nie wuschen und saure Milch tranken. In Summe Menschen, die zu rückständig waren, als dass von ihnen eine Bedrohung ausgehen könnte, und denen man deshalb auch keine weitere Beachtung schenken musste. Dachte man in Rom. Aber da dachte man falsch.

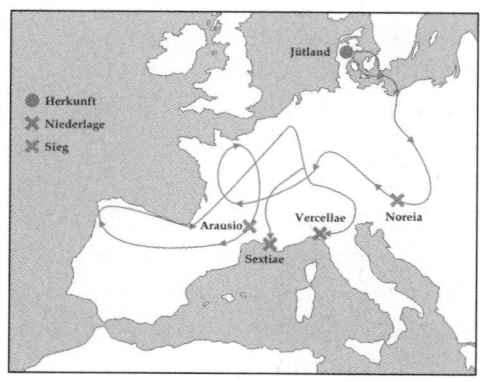

Der Zug der Kimbern und Teutonen

Denn ungefähr im Jahr 120 v. Chr. machte sich im südskandinavischen Jütland ein gewaltiger Zug von Menschen auf den Weg Richtung Süden: die Kimbern und vermutlich auch die benachbarten Teutonen. Von 10.000 Menschen mitsamt ihrer Habe und ihrer Tierbestände ist die Rede. Man vermutet, dass Sturmfluten ihre Dörfer verwüstet hatten und dass eine Hungersnot drohte.

Die Aussicht auf fruchtbares Land ließ den Trupp im Laufe der Wanderschaft immer größer werden, weitere Stämme, ganze Dörfer schlossen sich an, bis er annähernd 300.000 Menschen umfasste. Im Jahr 113 v. Chr. erreichten die Flüchtlinge aus dem Norden das heutige Kärnten. Die dort siedelnden Kelten riefen ihre Verbündeten aus Rom zu Hilfe. Die allerdings unterschätzten die Größe der Flüchtlingsgruppe und unterlagen in dem Kampf. Vier Jahre später sind die Kimbern und Teutonen bei ihrer nach wie vor vergeblichen Suche nach Siedlungsland in Narbonensis, der heutigen Provence, angekommen. Die Römer zogen ein zweites Mal gegen sie in den Kampf – und unterlagen wieder.

Im Jahr 105 v. Chr. war es schließlich so weit: Die Kimbern und Teutonen verwüsteten zum ersten Mal römisches Gebiet. Jetzt schienen die Römer zu begreifen, dass die Flüchtlinge aus dem

Norden tatsächlich eine Gefahr darstellten. Bei Arausio, dem heutigen Orange, kommt es am 6. Oktober zum Kampf. Allerdings zogen die Römer mit zwei Heeren in die Schlacht, jeder der beiden Feldherren wollte den Kampf für sich gewinnen. Und beide Heere unterlagen. Von 100.000 Toten auf römischer Seite ist später die Rede. Das mag Übertreibung gewesen sein, aber seither galten die Stämme aus dem Norden für die Römer als Bedrohung. Aus einem zunächst nur losen Verbund landsuchender Flüchtlinge aus Jütland war im Laufe von 15 Jahren ein mächtiger und inzwischen auch gefürchteter Stammesverband geworden. An seiner Spitze stand übrigens der erste Germane, dessen Name bekannt ist: Boiorix.

Auch von den Gräueltaten nach der Schlacht wurde Schreckliches kolportiert. Die ausführlichste Beschreibung dessen, was die Germanen – angeblich – nachher mit ihren besiegten Gegnern taten, liefert zwar erst 600 Jahre später Paulus Orosius in seiner „Historia adversus paganos" und vieles mag hier ein Ergebnis von Mythenbildung sein. Die Darstellung schildert aber anschaulich, wie man sich von römischer Seite die Stämme aus Nordeuropa vorstellte:

„Die Gewänder wurden (aufgrund eines vor der Schlacht abgelegten Gelüb-

des) zerrissen und in den Kot getreten, das Gold und Silber in den Strom geworfen, die Panzer der Männer zerhauen, der Schmuck der Pferde vernichtet, die Pferde selbst in den Strudeln des Stromes ertränkt, die Menschen mit Stricken um den Hals an Bäumen aufgehängt, so dass der Sieger nichts von der unermesslichen Beute erhielt und die Besiegten keine Chance auf Gnade hatten."3

Mag an dieser Schilderung einiges übertrieben sein, so enthält sie doch auch Wahres: Denn sowohl die Waffenbeuteopfer sind historisch verbürgt als auch die Tatsache, dass die Germanen ihre Gefangenen erhängt haben.

Erstaunlicherweise drangen die Germanen nun allerdings nicht weiter in das römische Kernland vor. Sondern sie teilen sich: Die Kimbern zogen über die Pyrenäen auf die Iberische Halbinsel, die Teutonen nach Nordgallien. Allerdings gelang es keinem der beiden Stämme, das ersehnte Siedlungsland zu erhalten, so dass sie sich 103 v. Chr. wieder zusammentaten, um gemeinsam, allerdings aufgeteilt auf zwei Züge, in Oberitalien einzufallen. Dieses Mal trafen sie allerdings auf römische Truppen, die zu einem Berufsheer umgerüstet waren. Der Zug der Teutonen wurde in der Schlacht bei Aquae Sextia (Aix-en-Provence) geschlagen, der der Kimber ein Jahr später in Vercellae, südwestlich des heutigen Mailands.

Die Bedrohung Roms durch die Germanen war gebannt. Vorerst zumindest.

Die Varusschlacht

Die Germanen siegen aus dem Hinterhalt über die Römer. So könnte man die Ereignisse der „Varusschlacht" in einem Satz zusammenfassen.

Und das stimmt auch. Tatsächlich wissen wir über die Schlacht aus dem Jahr 9 n. Chr. heute aber nur wenig Genaues. Nicht einmal der Schlachtort ist sicher. Die meisten Historiker nehmen heute Kalkriese bei Osnabrück an, und das liegt nicht mehr „im Teutoburger Wald", sondern an dessen Rand.

Jedenfalls fand kurz nach der Zeitenwende eine Schlacht statt zwischen drei römischen Legionen und germanischen Stämmen unter ihrem Heerführer Arminius (17 v.–21. n. Chr.). Das sind die Tatsachen. Vieles andere ist Legende.

Lange Zeit wurde die Varusschlacht als Geburtsstunde deutscher Geschichte instrumentalisiert, und von den damaligen Germanen führte man eine direkte Linie zu den späteren Deutschen. Beide, Römer und Germanen, hätten das anders beurteilt. Aus Sicht der Römer sah die

Sache folgendermaßen aus: Die „Germania magna", das rechtsrheinische Germanien, war im Jahr 9 n. Chr. in ihren Augen ein Urwald, bewohnt von Teufeln. Die Germanen wiederum fühlten sich nicht als „Germanen". Sie fühlten sich schon gar nicht als Einheit und sie würden sich, befragte man sie heute, auch kaum als „erste Deutsche" empfinden. Vielmehr waren sie eine Vielzahl von Stämmen, die einmal miteinander paktierten und dann wieder Krieg gegeneinander führen.

Als die germanischen Stämme unter Arminius (nicht „Hermann" – der Name stammt aus Luthers Tischgesprächen) 9 n. Chr. die Legionen des Varus wie Partisanen/Guerilleros aus dem Hinterhalt überfielen, taten sie das unter einem kurzfristigen Zweckbündnis, das für Arminius schwierig genug herzustellen war, nicht als eine Gruppe von Menschen, die sich als eine ethnische Einheit empfand. Dennoch gab es auch Gemeinsamkeiten zwischen den Stämmen. Und genau diese Gemeinsamkeiten waren es, die zu dem Zweckbündnis führte, das den Römern eine ihrer größten Niederlagen in der Geschichte eintrug.

Die Varusschlacht hat eine Vorgeschichte, und um die zu erzählen, muss man ein wenig weiter ausholen bis zu dem Wenigen, was wir über das Selbstverständnis der Germanen wissen:

Zentraler Begriff der Germanen war das „Heil". Das Heil war eine Gunst der Götter jenseits des Glücks. Es betraf die Ernten, das Fischen, den Fahrtwind, das Wetter – und auch das Siegesheil. Einem Anführer, der das Siegesheil hatte, folgten die Germanen ohne Wenn und Aber. Fiel er, dann flohen seine Gefolgsleute; verlor er, dann wurde er abgesetzt. Außerdem waren zwei weitere Begriffe entscheidend im Selbstverständnis germanischer Stämme: „Ehre" und „Rache". Und genau diese beiden Begriffe waren von den Römern empfindlich getroffen worden:

Julius Caesar war während seines gallischen Krieges in Ostgallien auf germanische Verbände getroffen. Triboker, Sueben und andere Stämme überschritten 58 v. Chr. den Rhein und fielen in Gallien ein. Caesar siegte über die Germanen. Aber nicht genug damit: Bei Verhandlungen über die germanische linksrheinische Landnahme (beim heutigen Nijmegen) ließ er schließlich einen gesamten Stamm niedermetzeln, samt Frauen und Kindern. Caesar selbst schreibt von vierhunderttausend Menschen, die bei diesem Blutbad ums Leben gekommen seien. Der römische Senat „tadelte" Caesar zwar offiziell für

dieses Vorgehen. Das änderte aber nichts mehr an der verhärteten germanischen Sicht. Denn dieses Massaker vergaßen die germanischen Stämme allesamt nicht, so wenig sie auch sonst oft genug miteinander gemein hatten, und der Vorwurf an Rom tauchte in der Folgezeit immer wieder auf. Was für Caesar eine Machtdemonstration war, erzeugte bei den Germanen Hass. Auf der einen Seite bewunderten und fürchteten sie Caesars Feldherrenkunst und seine rücksichtslose Entschlossenheit. Seine Hinterlist und sein „unehrenhaftes" Verhalten aber erzeugten vor dem Hintergrund der germanischen Ethik ganz besondere Abscheu.

Nach der Erzwingung der Rheingrenze durch Caesar blieb es allerdings erst einmal einige Zeit ruhig. Bis im Jahr 16 v. Chr. die Lage eskalierte. Germanische Verbände überschritten wieder den Rhein, zogen plündernd durch Gallien und schlugen die 5. römische Legion vernichtend.

Dies war der Punkt, an dem Rom seine Politik änderte und beschloss, Germanien zur römischen Provinz zu machen, mit Drusus und Tiberius als Beauftragten. Ab dem Jahr 7 n. Chr. war Publius Quinctilius Varus (46/47 v.–9 n. Chr.) Befehlshaber am Rhein.

Aber vorher gab es einiges zu bedenken:

Der gescheiterte Varus, von Wilfried Koch, Haltern am See

Römer und Germanen hatten in vielen Bereichen eine ganz unterschiedliche Weltsicht und Gesellschaft. Bei den Römern blühten Kunst, Kultur, Literatur. Nach dem Standard ihrer Organisation waren sie beinahe eine moderne Gesellschaft. Sie lebten in einem Staat, hatten Gesetze und Gerichte, Heizungen und öffentliche Bäder. Die Oberschicht lebte in riesigem Luxus. Die Armee vollbrachte militärische, technische und logistische Meisterleistungen. Die Germanen dagegen kannten keinen Staat. Sie lebten in der Sippe. Man war in der Sippe und mit anderen Sippen verwandtschaftlich verbunden. Das bedeutete: Mit der Zeit musste Rom in den Kriegen quasi jeden einzelnen Germanen zur Blutrache gefordert haben. (Das gilt besonders für Caesars Blutbad in der Gegend von Nijmegen.)

Die Römer dagegen hatten ein ausgefeiltes Rechtssystem, dessen Prinzipien zum Teil heute noch gelten. Diese staatliche Gerichtsbarkeit war unvereinbar mit persönlicher Rache. Der germanische Glaube an Treue, Ehre und Heil war für Rom zwar faszinierend, aber fremd.

Das Nebeneinander von Germanen und Römern hatte mit der Zeit zu einer eigenartigen Vermischung von Bewunderung, Ablehnung und Berechnung geführt: Germanische Edle hatten römische Bildung und Zivilisation oft kennen und lieben gelernt. Teils wurden sie dadurch zu glühenden Anhängern des römischen Reichs. Teils wurden sie aber auch zu kenntnisreichen Feinden der Römer. Drusus und Tiberius waren wiederum militärisch erfolgreich gewesen und hatten politisch das komplizierte germanische System aus Bündnis und Treue durchschaut und für ihre Zwecke genutzt. Die Römer hatten die Germanen in den Jahrzehnten vor der Varusschlacht schwer drangsaliert und waren respektlos mit germanischen Werten wie Ehe, Familie, Verwandtschaft und Ehre umgegangen.

Sollte man Germania magna nun zu einer römischen Provinz machen oder nicht? Das war jetzt die Frage.

Diesen Hexenkessel fand Varus im Jahr 7 n. Chr. vor. Tiberius hatte Germanien 6 n. Chr. wegen eines Aufstandes auf dem Balkan verlassen. Etliche der Truppen hatte er mitgenommen und Varus nur drei Legionen zurückgelassen. Aus germanischer Sicht aber verließ Tiberius nicht einfach nur die Region mitsamt seiner Truppen. Sondern er nahm auch das Siegesheil mit. Denn das ging nicht einfach so auf Varus über, sondern es war ganz an den Einzelnen gebunden. Keine schlechten Voraussetzungen, um sich endlich gegen die Römer zur Wehr zu setzen.

Und nun kam es zur Varusschlacht, in der 2. Hälfte des Jahres 9 n. Chr., wahrscheinlich im Herbst. Aus der Perspektive der germanischen Stämme wissen wir so gut wie gar nichts über diese Schlacht. Der ausführlichste Bericht antiker Quellen stammt von Cassius Dio, „Römische Geschichte" von 229 n. Chr., Buch 56, 20-22. (Es sind 6 kurze Absätze.). Bei der Widergabe der historischen Ereignisse sind wir deshalb auf die Seite der Römer und auf ihre Wahrnehmung angewiesen:

Zuvor aber noch einige Anmerkungen zu Varus' Gegner, dem Cheruskerfürsten Arminius. Viel wissen wir nicht über ihn. Sein Vater und sein Onkel führten bei den Cheruskern eine prorömische Partei an. Ebenso wie sein Bruder diente auch Arminius eine Zeitlang im römischen Heer und war so mit dem römischen Militärwesen vertraut. Er erwarb sich das römische Bürgerrecht und erlernte die lateinische Sprache. Um das Jahr 7/8. n. Chr. kehrte er in das cheruskische Stammesgebiet zurück, in dem auch Varus mit seinen Truppen war, im Jahr 9 n. Chr. hielt sich Arminius im Lager des Varus auf und versuchte offenbar, dessen Vertrauen zu gewinnen.

Dann, bereits auf dem Weg in sein Winterlager, erhielt Varus die Nachricht von einen kleinen, regionalen Aufstand der Germanen. Sie veranlasste ihn, ausgehend von der Weser einen Umweg durch ein Gebiet zu nehmen, das ihm und seinen Römern weitgehend unbekannt war. Varus dürfte Arminius für einen jener germanischen Stammesführer gehalten haben, der, schon aufgrund der

Der Triumph Hermanns nach dem Sieg über Varus von Johann Heinrich Tischbein d.Ä. Öl auf Leinwand, 316 x 431 cm. Schloss Arolsen, Stiftung des Fürstlichen Hauses zu Waldeck und Pyrmont

Tatsache, dass er römisches Bürgerrecht besaß, bei der Niederschlagung dieses Widerstands auf Seiten der Römer stand. Aber er hatte sich geirrt.

Arminius und seine Verschwörer „begleiteten" Varus auf seinem Umweg, sie gingen den römischen Truppen im unwegsamen Gelände voraus. Angeblich, um Verbündete heranzuführen. Varus geriet auf seinem Weitermarsch in einen Hinterhalt, den Arminius sorgfältig geplant haben dürfte. Varus' Zug umfasste drei Legionen. Außerdem drei Alen (Reitereinheiten) und sechs Kohorten mit insgesamt 15.000 bis 20.000 Soldaten. Dazu kamen 4.000 bis 5.000 Reit-, Zug- und Tragetiere. Der Zug muss 15 bis 20 Kilometer lang gewesen sein.

Dieser Tross bestand aus schwer gepanzerten Kämpfern in Eisen. Sie waren gedrillt auf gefürchtete Manöver. Dabei bildeten die Soldaten eine Festung aus Schilden um ihre Einheit. Gegen diesen Gegner konnten die Germanen nicht gewinnen – zumindest nicht in einer offenen Feldschlacht. Denn sie waren mehrheitlich schlecht ausgerüstete Bauern. Nur die Elite trug teure Schwerter oder kämpfte zu Pferde. Der durchschnittliche Germane warf mit Holzspeeren.

Wie war es möglich, dass die Angreifer dennoch gewannen? Die Kämpfe dauern insgesamt wohl über drei Tage. Alle Quellen nennen die topographischen Bedingungen als entscheidend für Verlauf und Ausgang der Schlacht: unübersichtliche Waldgebiete, Sümpfe und Moore. Die Römer hatten keine Möglichkeit, sich hier zu wehren. Militärisch gesehen war das Gelände für einen Überfall perfekt. Arminius hatte

den Hinterhalt sorgfältig geplant. Der Dichter Heinrich Heine schrieb in seinem Gedichtzyklus „Deutschland, ein Wintermärchen": „Das ist der klassische Morast, Wo Varus steckengeblieben. Hier schlug ihn der Cheruskerfürst, Der Hermann, der edle Recke; Die deutsche Nationalität, Die siegte in diesem Drecke." Eben dieser „Dreck" und „Morast" erwiesen sich für die römischen Legionäre als tödlich. In diesem Gelände waren es die Römer, die chancenlos waren.

Als sich die Römer durch das unwegsame Gelände bewegten, griffen Arminius und seine Verbündeten aus den Wäldern an: Teile der Cherusker, Marser und Brukterer, vielleicht auch noch andere Stämme. Profitieren konnten die Germanen zusätzlich von einem Höhenzug. Die Legionen wanden sich durch den Engpass zwischen Moor und Gebirge. Eine der größten Stärken der römischen Armee war ihre Manövrierfähigkeit. Und genau die löste sich beim Angriff in einem heillosen Durcheinander auf. Bevor die Nachricht vom Angriff an der Spitze des Zuges das Ende der Kolonne erreichte, vergingen Stunden. Ein voll ausgerüsteter römischer Legionär trug bis zu 30 Kilogramm Material am Leib. In Sumpf und Schlamm war er damit unbeweglich. Eine Zielscheibe für die Speere der An-

Das Hermannsdenkmal im Teutoburger Wald

greifer. Die Germanen dagegen waren wendig in ihren Leinenkitteln. Es gelang den überraschten Legionen nicht, eine Kampfformation zu bilden. Cassius Dio berichtet für den ersten und dritten Tag der Schlacht von heftigen Sturm- und Regenfällen (Dio, 56, 20, 3).

Außerdem verstärkten abtrünnige germanische Hilfstruppen der römischen Armeen den Angriff auf Varus' Truppen. Die Germanen verschafften sich im Verlauf der Schlacht noch mehr Vorteile durch ihre besseren Geländekenntnisse. Die Römer dagegen waren für den Einzelkampf „Mann gegen Mann" kaum ausgebildet. Trotzdem gelang es Varus und seinen Soldaten, zeitweise offenes Gelände zu erreichen und auf einem bewaldeten Hügel ein Lager aufzuschlagen. Die Römer verbrannten Gegenstände, die sie nicht benötigen, um Gewicht zu verlieren und beweglicher zu werden. Anscheinend gab es aber keine andere Möglichkeit, als den Weg auf den unübersichtlichen Waldpfaden fortzusetzen. Nun setzten auch die Angriffe der Germanen wieder ein. Die

Römer erlitten ihre schwersten Verluste. Bis auf wenige Überlebende wurden alle römischen Soldaten getötet. Drei Legionen waren mit einem Schlag vernichtet. Zum Vergleich: Das gesamte römische Reich verfügte zu dieser Zeit über 28 Legionen.

Varus tötete sich gemeinsam mit anderen hohen Offizieren, um der germanischen Gefangenschaft zu entgehen. Anscheinend versuchten Legionäre noch vergeblich, Varus zu bestatten. Arminius jedoch sandte Varus' Haupt an den Markomannenführer Marbod nach Böhmen und unterbreitete ihm ein Bündnisangebot. Diese Avance lehnte Marbod aber ab und schickte den Kopf weiter an Varus' Familie nach Rom. Augustus ließ ihn im Mausoleum des Kaisers bestatten. Das war eine Ehre, die nur äußerst verdienten Angehörigen der römischen Oberschicht vorbehalten war. Die besiegten Legionen wurden nach der Katastrophe nicht wieder aufgestellt: Die Nummern XVII, XVIII und XIX wurden nicht mehr vergeben.

Der Rheinübergang von 406/407 n. Chr.

Wir greifen jetzt ein wenig vor, in die Zeit der Völkerwanderung, von deren Entwicklung eigentlich erst im folgenden Abschnitt die Rede sein wird. Dann allerdings wird die Aufmerksamkeit anderen Teilen Mitteleuropas gelten als der „natürlichen Grenze", die der Rhein zwischen der Welt der Römer und derjenigen der „Barbaren" über Jahrhunderte dargestellt hatte – und der nun plötzlich als Grenze nicht mehr standhielt.

Es ist der Beginn des 5. Jahrhunderts n. Chr.: Etliche germanische Stämme in Gallien drängen an die Grenzen des römischen Imperiums, man kann sie durchaus vergleichen mit einer gestauter Wassermasse, die sich die schwächste Stelle zum Durchbruch sucht. Aber das Ganze hat eine Vorgeschichte:

394 n. Chr. hatte am Frigidus (heutige Slowakei) eine der größten Schlachten in der Geschichte des Imperium Romanum stattgefunden und eine der blutigsten der Antike. Darin siegte der (ost-)römische Kaiser Theodosius I. über seine (west-)römischen Rivalen Arbogast und Eugenius. Nach Theodosius' Tod teilte sich das Reich 395 n. Chr. in eine östliche und eine westliche Hälfte. Das Ergebnis

bot den Germanen neue Möglichkeiten und war für die Römer überaus unerfreulich: Denn das Weströmische Reich musste nun einen großen Teil seiner Truppen von der nördlichen Grenze abziehen, um Italien gegen die Westgoten zu sichern. Diese Entblößung ließen die germanischen Stämme nicht ungenutzt – sie drängten im Winter des Jahres 406 n. Chr. über den Rhein und fielen in die römischen Rheinprovinzen und in ganz Gallien ein.

Allerdings war diesem Rheinübertritt auch von germanischer Seite einiges vorausgegangen: Im Sommer 406

Vandalischer Schildbuckel aus vergoldeter Bronze, 3./4. Jahrhundert, Nationalmuseum Budapest

n. Chr. hatten nämlich Hunnen einen Vandalen-Stamm vor sich hergetrieben, entlang des Rheins nach Norden. Die verfolgten Vandalen waren am Mittelrhein auf die mit dem Imperium Romanum föderierten Franken gestoßen und hatten sie ihrerseits geschlagen. Dabei waren sie auf jene Grenze zum Imperium Romanum am Rhein gestoßen, die Rom nicht mehr so wie bisher sichern konnte; die Vandalen verbanden nun das Notwendige, nämlich die Flucht vor den Hunnen, mit dem Praktischen, dem Eindringen ins Römische Imperium. Zum Jahreswechsel 406/407 n. Chr. drängten sie über die Brücke bei Mogontiacum (Mainz) in das römische Gebiet. Was

zum einen Flucht gewesen war, wurde zum anderen ein Beutezug: Die Vandalen und andere germanische Stämme plünderten die schutzlose Stadt Mainz und zogen danach eine Spur der Verwüstung durch Gallien.

Der spätantike Schriftsteller und Heilige Prosper Tiro von Aquitanien (390–455 n. Chr.) notierte dazu:

CCCLXXIX. Arcadio VI et Probo. Wandali et Halani Gallias traiecto Rheno ingressi II k. Ian.

(Als Arcadius (zum sechsten Mal, d. h. 406) und Probus Konsuln waren, fielen Vandalen und Alanen nach der Überquerung des Rheins in Gallien ein, einen Tag vor den Kalenden des Januar.)

Aufgrund dieser Aufzeichnung nimmt man heute den 31. Dezember 406 n. Chr. als Beginn des Rheinübergangs an. Daran waren übrigens nicht ausschließlich Vandalen beteiligt, sondern auch Sueben und Alanen. Diese Stämme teilten sich dann wieder auf und zogen in verschiedene Richtungen.

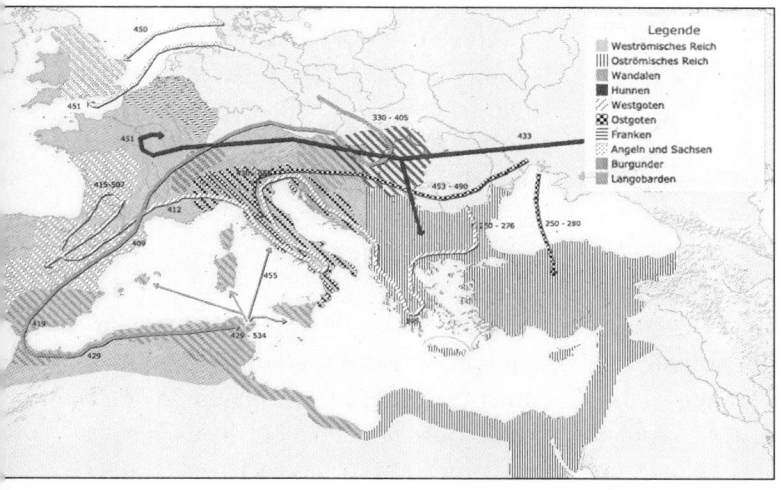

Völkerwanderung in Europa, dargestellt durch Pfeile, und Siedlungsräume germanischer Stämme innerhalb des Imperium Romanum

Der Rheinübergang von 406/7 n. Chr. war für das Imperium Romanum überaus folgenreich. Denn die Römer waren auch im Weiteren nicht mehr in der Lage, die eingebrochenen „Barbaren" zurückzudrängen. Im Gegenteil: Den Invasoren lag nun erst einmal Gallien offen.

Der Rheinübergang war der eigentliche Beginn des Eindringens barbarischer Gruppen in das Westreich.

Für die römischen Zeitgenossen müssen die Germaneneinfälle von 407 verheerend gewesen sein. Der oströmische Historiker Olympiodoros von Theben (5. Jahrhundert n. Chr.) ließ seine „Historischen Bücher" sogar mit dem Jahr des Rheinübergangs beginnen.

Die Völkerwanderung

Kommen wir nach diesem Vorgriff nun zum eigentlichen Abschnitt über die Völkerwanderung.

Die Zeit der Völkerwanderung und diverse „Wanderbewegungen" germanischer Stämme innerhalb Mittel- und Südeuropas umfasst grob gesagt 2 Jahrhunderte. Allerdings bewegen sich hier keineswegs homogene, also in sich geschlossene Stammesverbände von einem Ort Europas zu einem anderen.

Die Gruppen verändern sich vielmehr während ihrer Züge, wachsen an, fallen auseinander, ändern ihre Struktur, einige Forscher sprechen daher eher von wandernden „Söldnerheeren". Man kann sagen, dass die Zusammensetzung einer wandernden „gens" eines Stammes am Ende eine andere war als die, die sich am Anfang in Bewegung gesetzt hat.

Alle Wanderbewegungen darzustellen und dabei nachzuzeichnen, wer innerhalb dieser 200 Jahre wo Krieg gegen wen geführt, wer wann gewonnen oder verloren, wer welches Territorium gewonnen hat oder es wieder abgeben musste, das ist Stoff für mehrere Bücher. Darum kann hier nur ein ganz grober Überblick gegeben werden.

Ohnehin ist der Begriff der „Wanderung" etwas irreführend. Denn unter einer „Wanderung" stellt man sich etwas Friedliches vor. Und genau das waren die Züge der Germanen nun ganz und gar nicht. Teilweise allerdings waren es Flüchtlingswellen, aus Not geboren – und damit, wenn auch in weit größerer Dimension, durchaus den Flüchtlingswellen vergleichbar, die wir auch heutzutage wieder beobachten können. Damals, das nur nebenbei, haben sie die bestehende Weltordnung langsam, aber sicher verändert.

Am besten beginnt man mit einer Karte:

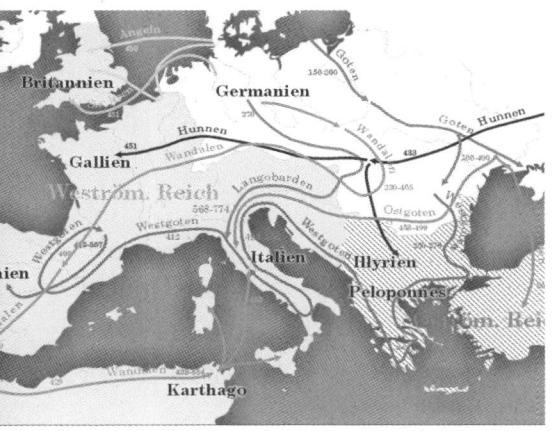

Die Karte zeigt die herkömmliche Rekonstruktion der Wanderungen des zweiten bis fünften Jahrhunderts.

Es beginnt im Wesentlichen im Jahr 375 mit dem Einfall der **Hunnen** in die Gebiete am Schwarzen Meer, in denen die Goten leben. Diese asiatischen Reiterhorden sind gefürchtet, und sie lösen eine riesige Fluchtbewegung aus, die zunächst die Ost-, später auch die Westgoten aus ihren Regionen bis an die Grenzen des römischen Reiches treibt.

Im Sommer des Jahres 376 treffen gotische Gesandte in Antiochia ein und bitten Kaiser Valens um Aufnahme ins römische Reich. Der Kaiser stimmt dem Ansuchen zu, das Imperium hatte auch

Die Hunnen – Schrecken der Germanen

Von wo aus und vor allem warum sich die Hunnen aus Zentralasien aufmachten nach Europa, darüber weiß man nur wenig. Bekannt ist, dass es sich bei ihnen um Reiternomaden handelte. Und zwar gefürchtete! Das beruhte einerseits sicher auf ihrem äußeren Erscheinungsbild. Glaubt man den Angaben des römisch-gotischen Geschichtsschreibers Jordanes aus dem 6. Jahrhundert, dann war es bei den Hunnen Sitte, den männlichen Kleinkindern die Gesichter zu zerschneiden, um den Bartwuchs zu verhindern. Die Krieger schmierten sich Schwarzerde in die Kampfwunden, damit sich dort dickhäutige Narben bildeten. Außerdem deformierten die Hunnen ihren Kindern während des Wachstums die Form des Kopfes, so dass sie sich zu sogenannten Turmschädeln entwickelten. Zumindest Letzte-

Der Hunnenkönig Attila ist als König Etzel ins mittelalterliche Nibelungenlied eingegangen.

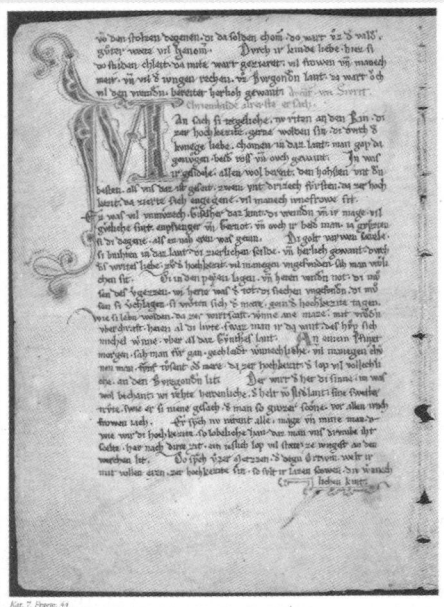

Handschrift des Nibelungenliedes, Fragment 44, Berlin

res dürfte stimmen, wie archäologische Funde bestätigen.

Und auch der römische Historiker Ammianus Marcellinus aus dem 4. Jahrhundert, also ein direkter Zeitgenosse der Hunnen, weiß Gruseliges über sie zu berichten: Seinen Ausführungen zufolge sind die hunnischen Kämpfer durch Kälte, Durst und Hunger völlig abgehärtet, sie ernährten sich durch Kräuter und halbrohes Fleisch und hätten keine Religion. Letzteres dürfte nicht gestimmt haben, die Hunnen waren Anhänger einer schamanischen Religion.

Respekt ringt dem römischen Historiker allerdings die Kampftechnik der Hunnen ab. Sie seien schnell im Angriff, überraschten durch häufige Formationswechsel und schnelle Rückzüge. Ihre Opfer fingen sie mit Lassos, als Geschosse benutzten sie Pfeile mit ungeheurer Reichweite und ebensolcher Durchschlagkraft. Bei ihren Kampfhandlungen steigen die Hunnen nicht vom Pferd.

Hiermit nimmt das Unheil seinen Lauf: Siegfried wird ermordet, Jahre später heiratet seine Frau Kriemhild König Etzel/Attila, lädt die Burgunden an ihren neuen Hof, und am Ende überlebt fast niemand mehr.

Der Hunnenkönig Attila (gest. 453 n. Chr.) hat übrigens als König Etzel Eingang in das Nibelungenlied gefunden, eines der bekanntesten Epen des Mittelalters, geschrieben von einem oder mehreren unbekannten Verfassern: Königin Kriemhild heiratet, nachdem ihr Mann Siegfried ermordet worden war, König Etzel alias Attila. Sie geht mit ihm in sein Reich und lädt einige Jahre später den Hof von Burgund, dem sie zuvor selber angehörte, zu sich ein. Kaum sind ihre Gäste angekommen, lässt sie ihre Brüder und sämtliche Gefolgsleute aus Rache für den Tod ihres ersten Mannes hinrichten. Am Ende wird auch sie ermordet, allerdings weniger aus Rache für ihren Hinterhalt, sondern als Strafe dafür, dass sie als Frau zuvor ihren größten Kontrahenten Hagen von Tronje ermordet hatte. Hagens Tod bedauert zwar eigentlich niemand so besonders, aber von einer Frau hätte ihm das nicht widerfahren dürfen … Das Nibelungenlied geht blutig aus. Am Ende überlebt so gut wie niemand.

schon früher fremde Stämme aufgenommen, die meisten hatten sich als ausgesprochen integrationswillig erwiesen. Valens weist also seine Befehlshaber an, den Germanen Land in Thrakien – im heutigen Bulgarien – zu geben.

Zunächst bemühen sich die Römer noch, die Anzahl der Flüchtlinge, die über die Donau kommen, zu zählen. Aber sie geben schnell auf. Denn nicht nur Ostgoten flüchten ins römische Imperium, auch Westgoten, Alanen und sogar Abtrünnige der Hunnen selber. Insgesamt dürften es so an die 90.000 Menschen sein, und mit dieser Zahl scheint die Logistik der Römer überfordert zu sein. Vieles von dem, was nun geschieht, bleibt im Unklaren. Römische Chronisten berichten von Fehlverhalten auf Seiten der Römer. Festzustehen scheint nur, dass man den Flüchtlingen nicht die Möglichkeit gibt, sich selbst zu versorgen. Und irgendwann im Laufe des Jahres 377 lehnen sie sich gegen die auf, die ihnen eigentlich eine Zuflucht hatten bieten sollen. Ein plündernder und brandschatzender Zug, zu dem sich im Laufe der Zeit auch Gefangene und entlaufene Sklaven gesellen, zieht durch die Provinzen südlich der Donau.

Büste des Kaisers Flavius Valens

Teil der Türkei gegen die Germanen in die Schlacht zieht, umfasst 15–30.000 Mann. Das Heer der Gegner, hatte man ihm zuvor gemeldet, bestehe auch gut 10.000. Aber die Westgoten haben Unterstützung bekommen durch ostgotische Verbände, teilweise berittene. Und die haben sich einiges an Kampftechnik bei den Hunnen abgeschaut. Zwei Drittel der römischen Soldaten fallen bei dieser Schlacht, auch Kaiser Valens. Und der Stammesverband der Goten zieht nun mehrere Jahre plündernd durch die Provinzen auf der Balkanhalbinsel. So lange, bis der neue Kaiser Theodosius den Germanen ein Angebot macht: Sie sollen sich ihm als freie Krieger unterstellen und ihm im Kriegsfall Waffenhilfe leisten. Dafür erhalten sie südlich der Donau eigenes Land und müssen keine Steuern zahlen. Am 3. Oktober 382 wird dieses als „Gotenvertrag" bezeichnete Bündnis geschlossen, erstmalig erhalten damit „Barbaren" ein halbautonomes Siedlungsgebiet.

Verboten ist ihnen allerdings das „Conubium", also die Ehe mit den Römern.

Aber der Frieden hält nicht. Nur ist es dieses Mal jemand aus den eigenen Reihen, der sich nicht mit dem zufriedengibt, was der Vertrag den Goten zu-

Da beschließt Kaiser Valens, den Aufständischen mit Militärgewalt zu begegnen. Sein Heer, mit dem er am 9. August 378 bei Adrianopel im europäischen

billigt: Der Militärführer Alarich ruft zum Kampf gegen das Imperium auf.

Im Jahr 395 stirbt Kaiser Theodosius, das Reich wird nun aufgeteilt zwischen seinen beiden Söhnen: Über die griechischsprachigen Provinzen im Osten herrscht nun der 17-jährige Arcadius, über die lateinischen im Westen sein drei Jahre jüngerer Bruder Honorius. Pro forma zumindest. Denn in Wahrheit entscheiden andere über das Geschehen im Reich. Im Osten ist es der Präfekt Rufinus, im Westen der Heermeister Flavius Stilicho, der selbst germanischer Abstammung ist. Und diese beiden Regenten liegen miteinander im Streit. Gleichzeitig starten germanische Soldaten unter der Führung besagten Heerführers Alarich eine Rebellion in den oströmischen Provinzen, der sich immer mehr Westgoten anschließen.

Von weströmischer Seite marschiert Stilicho Alarich entgegen. Das allerdings macht Kaiser Arcadius in Konstantinopel misstrauisch. Es könnte ja auch sein, dass sein Bruder sich die östliche Hälfte des Imperiums einverleiben wollte … Arcadius fordert also den Rückzug. Und sein Bruder beziehungsweise Stilicho gehorchen.

Und die Goten? Kaiser Arcadius weiß, dass Alarich nicht zu besiegen ist. Es hilft also nur eins: ihn sich zum Verbündeten zu machen. 397 erhebt er Alarich in den militärisch hohen Rang eines Heermeisters. Dieser neue Heermeister erweist sich aber als wenig bis gar nicht dankbar. Denn 401 befielt er seinen Soldaten den Abmarsch und überschreitet die Grenze zwischen den beiden Reichshälften in Richtung Italien. Den Zeitpunkt hat er günstig gewählt, denn Stilicho ist mit seinen Truppen gerade in einer ganz anderen Gegend aktiv; bis seine Streitkräfte vor Ort sind, hat Alarich schon ordentlich in Oberitalien geplündert. Erst im Jahr 402 drängt Stilicho die Westgoten wieder zurück nach Osten.

Die folgenden Jahre lassen sich so zusammenfassen: Stilicho erwägt tatsächlich, sich die östlichen Teile Roms zu sichern und paktiert daher nun mit seinem ehemals ärgsten Feind Alarich. Bevor es aber dazu kommen kann, bricht an anderer Stelle die Rheingrenze zusammen – siehe vorangegangener Abschnitt –, Germanenstämme drängen ins römische Imperium, das nun jeden Soldaten dort benötigt. Der Feldzug gegen die östlichen Provinzen wird abgesagt, Stilicho fällt seinerseits bei seinem Kaiser in Ungnade, wird hingerichtet, Hass gegen die Germanen aus Stilichos Heer macht sich im Imperium breit. Tausende von ihnen desertieren nun und wechseln auf Alarichs Seite, dessen Heer bereits jenseits der Alpen wartet. Im Herbst 408 schließen Alarichs Truppen Rom ein. Er stellt Bedingungen für seinen Abzug, die werden erfüllt, er stellt weitere Be-

Die Eroberung Roms in einer französischen Miniatur des 15. Jahrhunderts

dingungen, denen Kaiser Honorius nun nicht mehr nachgibt. Daraufhin stürmt Alarich im Jahr 410 Rom und erobert die Stadt am 24. August nahezu kampflos. Drei Tage wüten die Germanen in Rom.

Erstmals nach 800 Jahren wird der Mittelpunkt des römischen Imperiums von „Barbaren" eingenommen.

Noch im selben Jahr stirbt Alarich, und seine Anhänger verlassen Italien zunächst, später verbünden sie sich mit Rom und kämpfen gegen Vandalen und Alanen.

Im Jahr 418, 40 Jahre nach der Massenflucht über die Donau, gelingt es den Westgoten endlich, auf dem Boden des römischen Imperiums einen eigenen Staat zu gründen: Das „Tolosanische Reich", auch „Westgotenreich" – nach seiner Hauptstadt Toulouse benannt – umfasst zunächst Aquitanien und angrenzende Gebiete in Gallien, dehnt sich aber bald auf große Teile der Iberischen Halbinsel aus und überdauert dort das weströmische Reich um zwei Jahrhunderte.

Und um noch einmal zu den Hunnen zurückzukehren: Sie werden in den Jahren 451 bis 454 von einer Allianz aus Römern und verschiedenen germanischen Verbänden endgültig aus Europa vertrieben.

Der Niedergang des einstmals so machtvollen römischen Reiches jedoch ist nicht mehr aufzuhalten. Und es passiert, was so oft in der Geschichte passiert: Aus den Trümmern des einen Reiches entsteht ein neues, hier ein römisch-germanisches.

Abschließend hier noch ein knapper Überblick über die anderen „Wanderbewegungen" der Völkerwanderungszeit:

- Um das Jahr 400 verlassen die Vandalen ihre Wohnsitze in Schlesien. Gemeinsam mit Alanen und Sueben überqueren sie 406/407 den Rhein und ziehen im Völkerverbund durch Gallien und bis nach Spanien. Ein Teil der **Vandalen** bricht von dort nach wenigen Jahren wieder auf. 429 setzen rund 80.000 Vandalen über die Meeresenge von Gibraltar nach Afrika über, 439 fällt Karthago.

Eine Münze mit dem Bild Theoderichs des Großen und ...

... sein Monogramm; am oberen Rand des Kapitells einer Statue des venezianischen Palastes an der Piazza del Popolo in Ravenna

455 fahren die Vandalen mit Schiffen nach Italien und erobern Rom, sie plündern die Stadt, verschonen aber die Einwohner.

- Die **Burgunden** folgen den Vandalen über den Rhein und errichten im Jahr 407 zwischen Mainz und Worms ein Reich. Im Jahr 436 wird dieses Reich in einer Schlacht von römisch-hunnischen Truppen vernichtet, die überlebenden Burgunden erschaffen in Ostgallien und um den heutigen Genfer See ein neues Königreich.
- 440 beginnen sächsische Seefahrer, die Küsten Britanniens aufzusuchen.

Neun Jahre später verlassen **Angeln**, **Sachsen** und **Jüten** ihre Heimat an der Nordseeküste und setzen nach Britannien über, sie beginnen mit ihrer Landnahme und gründen im Laufe der Zeit die sieben Reiche Kent, Wessex, Sussex, Essex, Nordhumbrien, Ostanglien und Mercien.

- Im Jahr 473 brechen die **Ostgoten** von Pannonien, dem Gebiet des heutigen Ungarn und angrenzender Staaten, aus auf. Jahrelang ziehen sie über die Balkanhalbinsel. 476 wird der letzte weströmische Kaiser Romulus Augustus von seinem

Die eiserne Krone der Langobardenkönige

germanischen Heerführer Odoaker gestürzt, das Westreich endet damit. 488 ziehen nun die Ostgoten im Auftrag des oströmischen Kaisers nach Italien. Dort erobern sie im Jahr 493 die Herrschaft. Von nun an regiert der ostgotische König Theoderich der Große in der Tradition römischer Kaiser über Italien.

- Als letzte verlassen die Langobarden ihr Siedlungsgebiet in Böhmen. Im Jahr 489 gründen sie im heutigen Österreich ihr erstes Reich, ziehen dann aber nach Ungarn weiter und verbünden sich mit dem oströmischen Kaiser, der nun mit ihrer Hilfe die Ostgoten aus Italien vertreiben will. Aber das Bündnis ist nicht von Dauer: 568 stößt der langobardische König Alboin mit seinem Heer nach Verona vor und gründet in der Poebene ein Reich, das 200 Jahre überdauern wird, ehe es 774 unter die Kontrolle Karls des Großen gerät.

Hier endet das Zeitalter der Völkerwanderung.

Die Geschichte der germanischen Völker aber geht noch eine Weile weiter oder vielleicht sollte man eher sagen: neigt sich noch einige Jahrhunderte ihrem Ende zu:

- Ab der Mitte des 5. Jahrhunderts siedeln die **Franken** im heutigen Nordbrabant. Als Verbündete Roms dehnen sie ihre Macht von hier aus immer weiter aus. Sie übernehmen wichtige Ämter in der Verwaltung und verteidigen ihre Gebiete gegen jegliche Angreifer. Im Jahr 582 erlangt Chlodwig aus der Familie der Merowinger die Herrschaft über die Franken.

Relief mit der Taufe Chlodwigs, Ende 9. Jahrhundert, Musée de Picardie, Amiens, Frankreich

- Seine Nachfolger erobern um das Jahr 532 den Staat der Burgunden. Die Reiche, die die Familie der Merowinger sich nicht aneignen können, fallen im nun heraufdämmernden Frühmittelalter anderen Mächten zum Opfer: 533 erobern oströmische Truppen in Afrika das Reich der Vandalen, 20 Jahre später unterwerfen dieselben Truppen die Ostgoten in Italien. In Spanien unterliegen die

Der „Herzog" der Sachsen, Widukind

Westgoten im 7. und 8. Jahrhundert muslimischen Arabern. In Britannien erobern 838 dänische Wikinger die Königswürde. In den Jahren zwischen 772 und 804 unterwirft Karl der Große schließlich die Sachsen unter ihrem Heerführer Widukind und damit den letzten germanischen Stamm, der noch an seinen Traditionen festgehalten und auch nicht zum Christentum übergetreten war. Die „Sachsenkriege" gelten als Karls grausamster Feldzug. Die meisten Germanenreiche gehen unter, am Ende treten nur die Franken die Nachfolge des Römischen Reiches an. Am 25. Dezember des Jahres 800, ganze 324 Jahre nach dem Ende des letzten weströmischen Kaisers, wird Karl der Große aus dem Geschlecht der Karolinger, König des Fränkischen Reichs, in Rom vom Papst zum neuen Kaiser gekrönt.

Kaiserkrönung Karls des Großen, 15. Jahrhundert

Die Wikinger

Manche historische Abhandlungen über die Germanen lassen sie ganz aus, andere bezeichnen sie als die „letzten Germanen", noch andere sprechen bei ihren Raubzügen vom „Epilog der germanischen Geschichte": Die Rede ist von den Wikingern.

Es sind vereinfacht ausgedrückt Seeräuber aus Nordeuropa und dem Baltikum. Allerdings machen die Krieger nur einen kleinen Teil der skandinavischen und baltischen Bevölkerung aus. Die meisten Menschen waren Bauern und Fischer und lebten durchaus friedlich, hatten also mit Beutezügen überhaupt nichts zu tun.

Wenn wir von der „Wikingerzeit" sprechen, meinen wir den Abschnitt zwischen den Jahren 793 und 1050 n. Chr., in Mitteleuropa hat bereits die, allerdings erst nachträglich so bezeichnete, Epoche des Frühmittelalters begonnen. Und das heißt auch, dass wir es dort mit einer durchgehend christianisierten Gesellschaft zu tun haben. Anders als in Skandinavien, hier hängen die Menschen nach wie vor den paganen Kulten an. Insofern kann man im Norden durchaus von den „letzten Germanen" sprechen.

Es würde für dieses Buch zu weit führen, hier sämtliche Raubzüge der Wikinger darzustellen. Deshalb möchte ich diesen „Epilog" so kurz halten, wie Epiloge im Allgemeinen sind, zumindest wenn man diese Epoche als den letzten Abschnitt in der Geschichte der germanischen Völker betrachtet. Für sich genommen lassen sich mit den Ereignissen um die Nordmänner natürlich ohne Weiteres umfangreiche Bücher füllen.

Den Beginn der „Wikingerzeit" markiert am 8. Juni 793 n. Chr. die Plünderung des Klosters Lindisfarne vor der nordenglischen Nordseeküste durch eben jene Seeräuber aus Nordeuropa, die für mehrere Jahrhunderte in etlichen Ländern für Schrecken sorgen werden.

Nun sind Beutezüge für sich genommen sicher nichts Ungewöhnliches in der Geschichte. Was hier überrascht, ist der Umstand, dass es über Jahrhunderte zwischen den Skandinaviern und dem Kontinent friedlich zugegangen war. Und nun plötzlich diese Gewalt. Warum, das weiß man schlicht nicht. Vermutlich lag es einfach daran, dass man im Norden von dem Gold wusste, das sich in den Klöstern der Christen befand. Man konnte in den Dörfern des Umlands Vieh erbeuten und Menschen als Sklaven verschleppen, um sie dann gewinnbringend zu verkaufen.

Banal gesagt fuhren die Wikinger auf ihre Beutezüge, weil sie es konnten. So wie es Jahrhunderte lang andere Völker in anderen Teilen der Welt gekonnt und deshalb auch gemacht hatten.

Erfolgreich waren die Männer aus dem Norden nicht zuletzt auch wegen ihrer „Drachenschiffe": Das waren bis zu 25 Meter lange Boote mit einem Segel, die nur wenig Tiefgang hatten. Platz boten sie ungefähr 60 Seefahrern, und wer geschickt mit ihnen umgehen konnte, der war für damalige Verhältnisse sehr schnell unterwegs. Vor Anker gehen konnten die Schiffe aufgrund ihrer geringen Tiefe auch überall problemlos. Und das heißt: Sie waren nicht nur see-, sondern auch flusstauglich, Landstrecken

Rekonstruiertes Wikinger-Langschiff im Museum Haithabu

ließen sich überwinden, indem man die Boote auf Holzstämmen zum nächsten Ufer rollte.

Übrigens wurden die Schiffe nicht nur für Raubzüge genutzt, sondern viele Skandinavier verließen auf diese Weise ganz einfach ihr Land, um an anderer Stelle – ausgesprochen friedfertig – neu zu siedeln.

Aber zurück zu den Beutezügen: Das waren keineswegs immer große, „organisierte" Fahrten mit ... nennen wir es einmal „hauptberuflichen" Seeräubern. Vielfach betrieb man die Seeräuberei eher als „Saisongeschäft", war die meiste Zeit Bauer und überfiel ab und zu ein Gehöft oder einen Küstenstrich. Man schloss sich für diesen Zweck einem Häuptling an und rüstete sich mit den Waffen aus, die man besaß. Insofern sind auch die legendären Wikingerhelme genau das: Legende. Viele dieser Plündererboote waren mit einer zweistelligen Zahl an Männern ausgestattet; war ein Zug „groß", umfasste er vielleicht mehrere hundert Männer. Trotzdem sorgten die Nordmänner mit ihren Raubzügen

So in etwa muss man sich eine Wikingersiedlung vorstellen. Hier in einer Rekonstruktion im Freilichtmuseum Foteviken/Südschweden.

über viele Jahrzehnte für große Unsicherheit. Zunächst überfielen sie „nur" blitzartig Regionen, raubten, plünderten und steckten anschließend alles in Brand. Später ging man bei Städten oder Klöstern zu dem über, was man heute als „Schutzgelderpressung" bezeichnen würde. Wikinger oder eher Nordmänner

wüteten in Friesland, im heutigen Frankreich, in Belgien, den Niederlanden, dem Rheinland und auf den britischen Inseln. Aber selbst bis Spanien und an die Küste des heutigen Marokko oder nach Nowgorod oder Kiew gelangten die Männer aus dem Norden. Oft, wenn auch nicht immer, blieben einzelne Menschen oder größere Gruppen auch dort zurück und verbanden sich im Laufe der Zeit mit der ursprünglichen Bevölkerung. Überall, wo dies geschah, nahmen die Menschen im Laufe der Zeit die Religion der ursprünglichen Bevölkerung an, und das heißt in den meisten Fällen: das Christentum.

Und auch im Norden selber bildeten sich aus losen Stammesverbänden allmählich Staatssysteme. Und: Das Christentum hielt auch hier seinen Einzug, wenn auch einige Jahrhunderte später als auf dem Festland. Der Prozess der Christianisierung gilt in Skandinavien um das Jahr 1087 n. Chr. als abgeschlossen. Die Kultur der Germanen mit ihrer paganen Religion ist damit endgültig aufgegangen in derjenigen anderer Stämme und Traditionen.

Anhang

Museen

Die folgenden Hinweise zu Museen und Ausstellungen sind natürlich nur eine kleine Auswahl.

Deutschland

Archäologisches Landesmuseum und Wikingermuseum Haithabu, Schloss Gottorf, Schleswig

Hier sind Fundstücke u. a. aus dem Thorsberger Moor zu sehen, aber auch die Moorleichen aus den Mooren von Windeby und Damendorf in Schleswig-Holstein sowie das berühmte Nydamboot. Die in der Nähe gelegenen Reste des Handelsplatzes Haithabu sind Zeugnisse eines nordeuropäischen Zentrums der Wikingerzeit.
http://www.schloss-gottorf.de/archaeologisches-landesmuseum

Niedersächsisches Landesmuseum Hannover

Umfangreiche Ausstellung über die Germanen in Niedersachsen, besonders über die Sachsen und Friesen, Hier finden sich auch Modelle zum frühgeschichtlichen Dorf Feddersen Wierde.
http://www.landesmuseum-hannover.niedersachsen.de/portal/live.php?navigation_id=24291&_psmand=183

Römisch-Germanisches Museum Köln

Hier findet man römische Exponate. Vergleicht man sie mit den Funden, die den germanischen Stämmen zugeschrieben werden, so wird der Unterschied zwischen beiden Kulturen deutlich. Außerdem ist Goldschmuck der Völkerwanderungszeit ausgestellt.
www.museenkoeln.de/roemisch-germanisches-museum

Museum für Vor- und Frühgeschichte Berlin

Die reichen Ausstellungen präsentieren Funde aus der gesamten Geschichte der Germanen.

http://www.smb.museum/museen-und-einrichtungen/museum-fuer-vor-und-fruehgeschichte/home.html

Landesmuseum für Vorgeschichte, Halle

Umfassende Sammlungen über Germanen. Dazu gehören das prächtige Fürstengrab von Gommern und der Reiterstein von Hornhausen.
http://www.lda-lsa.de/landesmuseum_fuer_vorgeschichte/dauerausstellung/

Römisch-germanisches Zentralmuseum Mainz

Das Forschungsinstitut für Vor- und Frühgeschichte präsentiert in den Ausstellungen eine Vielzahl germanischer Funde, darunter etliche Repliken der bekanntesten Objekte aus anderen Museen.
http://web.rgzm.de/

Museum Burg Bederkesa (Landkreis Cuxhaven)

Hier sind Funde des Germanendorfes Feddersen Wierde zu sehen sowie beeindruckende Funde an der Fallward.
http://www.burg-bederkesa.de/

Alamannenmuseum in Ellwangen (bei Aalen)

Die 2001 eröffnete Ausstellung behandelt die Alamannen in Süddeutschland.

Es werden die Gräberfunde von Lauchheim präsentiert.
www.ellwangen.de

Freilichtmuseum Germanische Siedlung Klein Köries (Brandenburg)

Hier findet man die Rekonstruktion einer Siedlung, die vom 2. bis zum 5. Jahrhundert bewohnt wurde.
www.germanische-siedlung-klein-koeris.de

Freilichtmuseum Funkenberg, Westpreußen (Nordthüringen, nahe Erfurt)

Und hier ist die Rekonstruktion einer germanischen Wehrsiedlung aus den Jahrhunderten um Christi Geburt zu sehen.
http://www.funkenburg-westgreussen.de/

Langobardenwerkstatt Zethlingen (bei Salzwedel)

Die Rekonstruktion einer etwa 2000 Jahre alten germanischen Siedlung versteht sich als lebendiges Museum, in dem man versucht, experimentell das Leben der frühgeschichtlichen Menschen nachzuvollziehen.
www.langobarden-zethlingen.de

Niederlande

Rijksmuseum van Oudheden, Leiden
Das zentrale niederländische Museum für Archäologie präsentiert einen Wikingerschatz und andere Exponate aus der germanischen Geschichte.
www.rmo.nl
(Seite in niederländischer und englischer Sprache)

Dänemark

Nationalmuseet Kopenhagen
Hier sind zahlreiche Funde aus der Frühgeschichte und dem Frühmittelalter Dänemarks zu sehen. Dazu zählen auch die vielen Opferfunde des Landes.
www.natmus.dk
(Seite in dänischer und englischer Sprache)

Lejre Forsøgscenter – „Das Land der Legenden"
(dänisch: Sagnlandet Lejre)
Ein „Freilandlabor" für experimentelle Archäologie westlich von Gammel Lejre bei Roskilde auf der Insel Seeland westlich von Kopenhagen/Dänemark.
Auf dem Gelände haben Wissenschaftler mehrere Dörfer oder Siedlungen aus verschiedenen Epochen der Geschichte rekonstruiert, um die damaligen Lebensumstände der Menschen erforschen zu können. Dazu gehören unter anderem ein steinzeitlicher Lagerplatz, ein Dorf der Eisenzeit und eine Wikinger-Siedlung.
http://www.sagnlandet.dk/en/
(Seite in dänischer und englischer Sprache)

Silkeborg Museum (bei Århus in Jütland)
Hier ist neben anderen Moorleichen auch der berühmte Tollund-Mann zu sehen, eine außergewöhnlich gut erhaltene Moorleiche aus einem Hochmoor in Bjaeldskovdal, zehn Kilometer westlich von Silkeborg/Dänemark.
http://www.museumsilkeborg.dk/
(Seite in dänischer und englischer Sprache)

Hjemsted Oldtidspark, Skœrbœk (Südjütland)
In diesem Freilichtmuseum werden unter anderem die Lebensverhältnisse der germanischen Stämme um die Zeitenwende rekonstruiert.
www.hjemsted.dk
(Seite in dänischer, deutscher und englischer Sprache)

Schweden

Museum Birka

gelegen auf der Insel Björkö im Mälarsee bei Stockholm.

Auf Birka befand sich in der Wikingerzeit ein Handelsplatz, den Händler aus aller Welt aufsuchten. Davon zeugen vor allem ein großes Gräberfeld und ein Museum, das Modelle und Fundstücke der Siedlung zeigt.

www.raa.se/birka

(Seite in schwedischer und englischer Sprache)

Statens Historiska Museum, Stockholm

Schwedens großes historisches Museum. Hier wird der Reichtum an frühgeschichtlichen Funden und Objekten aus der Vendel- und Wikingerzeit gezeigt. Dazu gehören auch Runensteine und Schatzfunde.

www.historiska.se

(Seite in schwedischer und englischer Sprache)

Historiskt Centrum, Gamla Uppsala

Kein Museum, sondern eine historische Siedlung in der Universitätsstadt Uppsala, im Stadtteil Norra Staden.

Das Land um die drei Königshügel aus dem 6. Jahrhundert zählt zu den Mittelpunkten schwedischer Geschichte. Hier befand sich ein großes heidnisches Heiligtum, in dem die letzten Menschenopfer des Landes dargebracht wurden. Das Museum von Alt-Uppsala (Gamla Uppsala) präsentiert Zeugnisse dieser Zeit.

http://www.destinationuppsala.se/

(Tourismus-Seite der Stadt Uppsala, in deutscher und englischer Sprache)

Norwegen

Historisches Museum der Stadt Oslo

Hier findet man Exponate aus der gesamten Geschichte Norwegens sowie Ausstellungen zu den Wikingern.

http://www.visitoslo.com/de/aktivitaten-und-attraktionen/attraktionen/?TLp=181536&Das-Historische-Museum

(Tourismus-Seite der Stadt Oslo mit Links zum Wikingerschiffmuseum sowie weiteren Verweisen zur Reisen auf den Spuren der Wikinger, in deutscher Sprache)

Wikingermuseum Borg/Lofoten

Wer schon einmal so weit nördlich gekommen ist oder auf den Spuren der

Wikinger reisen möchte, der kann auch einen Blick ins Museum Borg auf den Lofoten werfen. Genaueres zum kleinen Wikingermuseum Borg unter:
http://de.wikivoyage.org/wiki/Wikinger-museum_Borg#Weblinks
(Seite in deutscher Sprache, eventuell sollte man die Öffnungszeiten noch einmal per Mail oder Telefon überprüfen.)

Island

Þjóðminjasafn Íslands
Und wer schon einmal hier ist, der könnte auch dem isländischen Nationalmuseum in Reykjavik einen Besuch abstatten. Auch hier finden sich interessante Exponate aus der Wikingerzeit.
http://www.thjodminjasafn.is/
(Seite in isländischer und englischer Sprache)

Register

61, 98
Friesland 21, 97
Frigg 54
Frigidus 82
Frikative 12
Frühmittelalter 93, 100
Frühmittelalters 95
Fulla 54
Futhark 44, 107

Gallier 8, 11
Ganna 40
Geiserich 69
Gepiden 16, 17, 67, 70
Gerda 47, 48
Gerichtslinden 36
Germania Inferior 65
Germania magna 74, 77
Germania Superior 65, 66
Germanicus 65
germanische Mythologie 46
Gerste 26
Getreidebrei 27
Goldgubber 56, 57, 58
Goten 17, 18, 41, 50, 58, 62, 66, 67, 68, 69, 85, 88, 89, 108
Gotenbibel 62
Gotenvertrag 88
Gotland 18
Gotonen 16
Graphem 45
Grassodenwälle 24
Greutungen 68
Grund 52
Gustav Vigeland 49

Haduwolf 43

Hagen von Tronje 87
Haithabu 96, 98
Harja 44
Hasdingen 19
Hauksbók 60
Havamal 46
Heil 75, 76
Hel 51
Hermunduren 16, 17
Herrenhof 26
Heruler 17, 41, 67
Hlóðyn 52
Hludana 52, 53
Hunnen 19, 68, 69, 70, 83, 85, 87, 88, 90, 108
Hymir 59

Iberische Halbinsel 73
Ingaevonen 15
Island 24, 61, 102

Jastorf-Kultur 64
Jörd 52
Jordanes 85
Julius Caesar 8, 64, 75
Jüten 16, 92
Jütland 21, 64, 69, 72, 73, 100
Kaiserkrönung 94
Karl der Große 71, 94
Karolinger 54, 71, 94
Karolingerzeit 38
Karthago 91
Kebsfrauen 38
Kelten 5, 7, 8, 9, 11, 20, 72
Kiew 71, 97
Kimbern 64, 72, 73
Kloster Lindesfarne 71

Konkubinats 38
Kriemhild 86, 87

Langobarden 99
Langobarden 16, 17, 18, 50, 58, 71, 93
Lautverschiebung 11
Lautverschiebungen 12
Lieder-Edda 46
Loki 59
Lugier 16

Marbod 64, 65, 81
Mark-Aurel-Säule 66
Markomannen 16, 17, 19, 66
Markomannenkriege 18, 66
Marokko 97
Marser 79
Masyas 40
Merowinger 70, 71, 93
Merseburger Zauberspruch 54
Met 27
Midgardschlange 59, 60, 61
Mogontiacum (Mainz) 83
Monogamie 38
Moorleichen 27, 28, 98, 100, 107, 108
Munt 37
Muntgewalt 37, 38

Nehalennia 50, 52
Nerthus 53
Nibelungenlied 85, 87
Nibelungenliedes 86
Niederlande 65, 100
Niederlanden 20, 97

Literatur

BLECKMANN, BRUNO: Die Germanen. Von Ariovist zu den Wikingern. C. H. Beck Verlag, München 2009

DEMANDT, ALEXANDER: Geschichte der Spätantike. 2. Aufl., C. H. Beck, München 2008

DÜWEL, KLAUS: Runenkunde, Metzler, 4. Aufl., Stuttgart 2008

Die Edda. Götterlieder, Heldenlieder und Spruchweisheiten der Germanen. Hrsg. von Manfred Stange. Vollständige Textausgabe in der Übersetzung von Karl Simrock, überarb. Neuausgabe. 11. Aufl. Marixverlag. Wiesbaden 2013

FRIEDRICH, ERNST ANDREAS: Die Feddersen Wierde. In: Wenn Steine reden könnten. Band III. Landbuch-Verlag, Hannover 1995

GEBÜHR, MICHAEL: Verein zur Förderung des Archäolog. Landesmuseums e.V., Schloß Gottorf (Hrsg.): Moorleichen in Schleswig-Holstein. Wachholtz, Neumünster 2002

HAARNAGEL, WERNER: Die Grabung Feddersen Wierde. Steiner-Verlag 1979

Heather, Peter: Der Untergang des römischen Weltreichs. Aus dem Englischen von Klaus Kochmann, Klett-Cotta, Stuttgart 2007

KLINGENBERG, HEINZ: Runenschrift – Schriftdenken – Runeninschriften. Carl Winter Verlag, Heidelberg 1973

KRAUSE, ARNULF: Die Geschichte der Germanen. Campus-Verlag. Frankfurt/M. 2002

KRAUSE, WOLFGANG/JANKUHN, HERBERT: Die Runeninschriften im älteren Futhark. (= Akademie der Wissenschaften zu Göttingen; Philosophisch-Historische Klasse Folge 3, Nr. 65,1 (Text), Nr. 65,2 (Tafeln)). Vandenhoeck & Ruprecht. Göttingen 1966.

C. PLINIUS SECUNDUS D. Ä.: Naturkunde. 37 Bände, Artemis, Zürich u. a. 1990–2004. Hrsg. von Roderich König u. a.

Pohl, Walter: Die Germanen. Oldenbourg Wissenschaftsverlag. München 2000

DERS.: Die Germanen. Enzyklopädie deutscher Geschichte Bd. 57. 2. Aufl. München 2004

DERS.: Die Völkerwanderung. Eroberung und Integration. 2. Aufl. Kohlhammer. Stuttgart u. a. 2005

POSTEL, VERENA: Die Ursprünge Europas. Migration und Integration im frühen Mittelalter. Kohlhammer. Stuttgart 2004

Rosen, Klaus: Die Völkerwanderung, C.H. Beck, München 2002

RUDOW, ALEXANDER: Furor Teutonicus. Der Sieg des Arminius über die Römer in der Varusschlacht. Regionalia-Verlag, Rheinbach 2014

DERS.: Der Limes. Geschichte – Bedeutung – Wirkung. Regionalia-Verlag 2015

Runen, Runendichtung, Runenfälschungen, Runengedichte, Runeninschriften, Runenmeister, Runenmünzen, Runennamen, Runenreihen, Runenschrift, Runensteine. In: Reallexikon der germanischen Altertumskunde. Bd 25. Walter de Gruyter. Berlin/New York 2003. S. 499–596.

SCHÖN, MATTHIAS D.: Die Feddersen Wierde. In: Wenn Steine reden könnten. Band III, Landbuch-Verlag. Hannover 1995

SIMEK, RUDOLF: Die Germanen. 2. Auflage, Reclam, Stuttgart 2011

DERS.: Religion und Mythologie der Germanen. Wissenschaftliche Buchgesellschaft. Darmstatt 2003

Stickler, Timo: Die Hunnen. München 2007

VAN DER SANDEN, WIJNAND: Mumien aus dem Moor. Die vor- und frühgeschichtlichen Moorleichen aus Nordwesteuropa. Drents Museum/Batavian Lion International. Amsterdam 1996

WOLFRAM, HERWIG: Die Goten. Von den Anfängen bis zur Mitte des sechsten Jahrhunderts. 5. Auflage, C.H.Beck, München 2009

DERS.: Das Reich und die Germanen. Siedler. Berlin 1990

Bildnachweis

Baldus, Frank: 96
Bickel, Christian: 49, 67 rechts
Christensen, Erik: 41 unten
Flöper, Stefan: 76
Hempel, Jörg: 57
Hindemith, Axel: 24
Kunsthistorisches Museum, Wien: 8
Leischner, Alexander: 31 oben
Lessmann, Thomas: 70
Linge, Hartmann: 67 links
Manske, Magnus: 28
Oberger, Bengt: 53
Regionalia Verlag, Archiv: 6, 9, 41 oben, 46, 47, 59 beide, 60 beide, 61 beide, 71, 78, 85 unten, 86 beide, 90, 93, 94 rechts
Sauber, Wolfgang: 50, 82
Steakley, James: 32, 92
Svensson, Håkan: 42

Wikimedia commons: 10 (Karl Udo Gerth), 13 (Berliner sorbenbayer), 17 (Varoon Arya), 21 (Nico-dk), 22 (Axel HH), 25 oben (Lestath), 29 (Dguendel), 30 (o.A.), 31 unten (Bullenwächter), 34 (Clemensfranz), 35 (o.A.), 40 (o.A.), 45 oben (ClaesWallin), 45 unten (o.A.), 48 beide oben (ClaesWallin), 48 unten (NielsF), 51 (Archird), 52 (mystic_mabel), 56 beide (o.A.), 62 (o.A.), 66 (Tetraktys), 69 (Haselburg-Müller), 72 (o.A.), 80 (Nawi112), 83 (Demis), 84 oben (Dbachmann), 88 (Jastrow), 91 beide (o.A.), 94 links (Bwag), 97 (ökologix)
Woelk, T.: 25 unten

Die Autorin

Anja Stiller, Jahrgang 1966, studierte an den Universitäten Hannover und Salzburg Deutsche Literaturwissenschaft und Philosophie und promovierte am Institut für Ältere deutsche Literatur und Sprache an der Uni Salzburg mit der Edition einer spätmittelalterlichen Handschrift. Sie arbeitete zunächst zehn Jahre lang als freischaffende Kulturjournalistin für österreichische und deutsche Tageszeitungen, unter anderem für die „Salzburger Nachrichten" und den „Standard"/ Wien. Inzwischen ist sie als Sprach- und Fachlektorin für verschiedene Sachbuchverlage sowie als PR-Texterin tätig. Im Jahr 2010 erschien ihr erster Roman „Dolcissima" im Schweizer Informati-

onslücke-Verlag. Darüber hinaus arbeitet sie als freie Autorin für verschiedene Sachbuchverlage.

Die Autorin ist Mitglied im Netzwerk der Salzburger Medienfrauen (www.medienfrauen.at) sowie in der Schriftstellervereinigung der „42er Autoren" (www.42erautoren.de).

Die „Kleine Germanenkunde" ist nach „Hundsfott. Schimpfen mit den Klassikern" 2014) und „Kleine Adelskunde" (Frühjahr 2015) ihr drittes Buch im Regionalia-Verlag.

Ebenfalls im Programm des Regionalia Verlages

ISBN 978-3-95540-138-2

ISBN 978-3-939722-39-7

ISBN 978-3-95540-112-2

ISBN 978-3-939722-88-5

Jeweils 128 Seiten, Hardcover, € 4,95